안네가 안내하는 초등학생 때 꼭 써 보는 일기

일기 뭘 써, 어떻게 써?

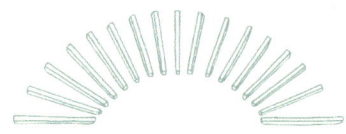

이 책을 읽고 활용하는 방법

개념 잡고 3단계로 완성하는 일기 쓰기

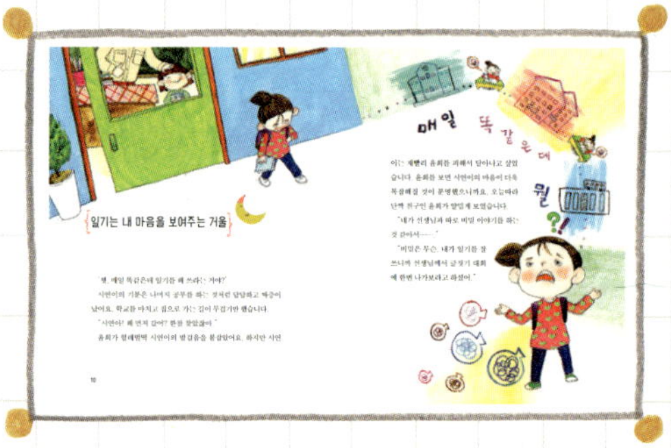

0단계(준비 단계)
일기 쓰기 싫어하는 시연이와
옆집에 이사 온 안네 언니의 이야기가
'동화'로 쓰여져 재미있게 읽을 수 있어요.

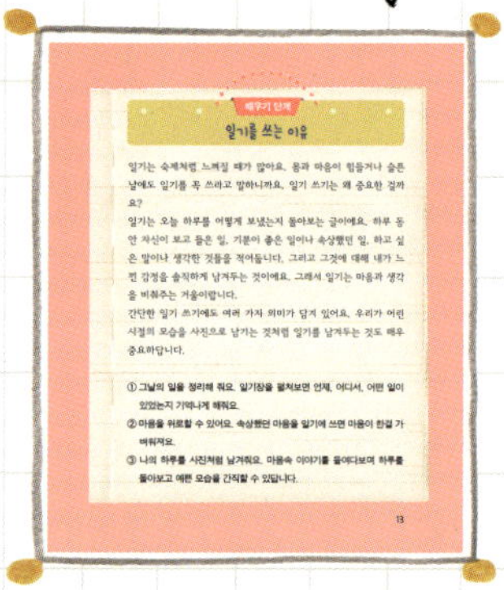

1단계(배우기 단계)
작가인 안네 언니가
일기를 잘 쓰는 방법에 대해
'이론'으로 알려줘요.

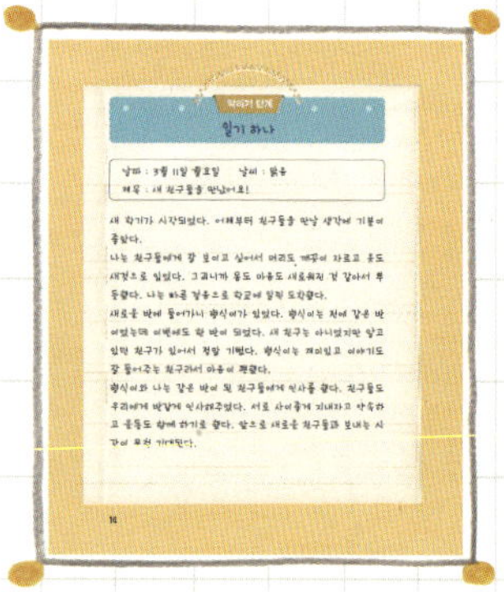

2단계(익히기 단계)
일기 쓰기의 기초 단계인
초급 일기 샘플인
'일기 하나'가 있어요.

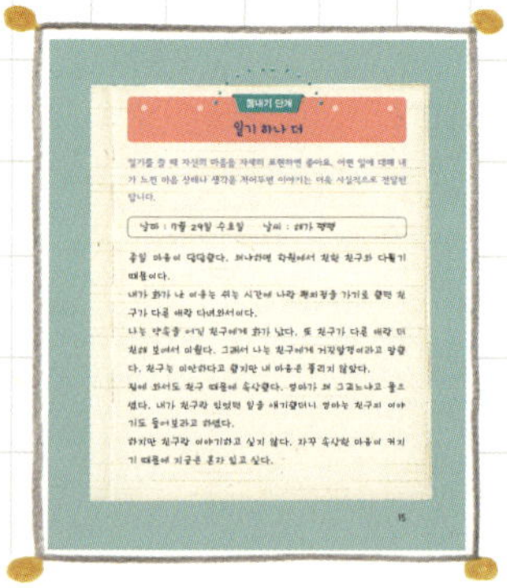

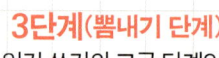

3단계(뽐내기 단계)
일기 쓰기의 고급 단계인
'일기 하나 더'가 있어요.

딱 3단계! 3단계만 익히면 신나게 일기를 쓸 수 있다

0단계 (준비 단계)
일기, **왜** 쓰지?

1단계 (배우기 단계)
일기, **뭘** 쓰지?
즐겁게 일기 쓰기

3단계 (뽐내기 단계)
일기, **잘 쓰려면** 어떻게 하지?
남과 다른 글쓰기

2단계 (익히기 단계)
일기, **어떻게** 쓰지?
문학적 표현력 키우기

이 책을 읽고 활용하는 방법 2

즐겁게 일기 쓰기

일기는 내 마음을 보여주는 거울　8
일기 쓰기로 마음이 쑥쑥 자라요　14

생활 일기를 썼어요　22
공부 일기를 썼어요　30
만화 일기와 그림 일기를 썼어요　36
탐구 일기를 썼어요　42
자연 일기를 썼어요　47
마음 일기를 썼어요　52
음식 일기를 썼어요　58
체험 일기를 썼어요　64
여행 일기를 썼어요　70
반성 일기를 썼어요　76
칭찬 일기를 썼어요　82

이 책을 읽는 친구들에게   190

2단계 일기
어떻게 쓰지?
문학적 표현력 키우기

일어난 일을 중심으로 써요   90
문장을 쓰는 연습을 해요   96
시간 순서에 따라 정리해요   104
솔직한 감정을 나타내요   112
재미있게 표현해보아요   118
섬세하게 묘사해보아요   126

3단계 일기
잘 쓰려면 어떻게 하지?
남과 다른 글쓰기

계획 일기를 썼어요   134
동시 일기를 썼어요   140
뉴스 일기를 썼어요   146
인물 일기를 썼어요   152
관람 일기를 썼어요   158
속담 일기와 명언 일기를 썼어요   166
미래 일기를 썼어요   172
독서 일기를 썼어요   178
편지 일기를 썼어요   184

0단계 일기
왜 쓰지?

{ 일기는 내 마음을 보여주는 거울 }

'쳇, 매일 똑같은데 일기를 왜 쓰라는 거야?'
시연이의 기분은 나머지 공부를 하는 것처럼 답답하고 짜증이 났어요. 학교를 마치고 집으로 가는 길이 무겁기만 했습니다.
"시연아! 왜 먼저 갔어? 한참 찾았잖아."
윤희가 헐레벌떡 시연이의 발걸음을 붙잡았어요. 하지만 시연

매일 똑같은데 뭘?!

이는 재빨리 윤희를 피해서 달아나고 싶었습니다. 윤희를 보면 시연이의 마음이 더욱 복잡해질 것이 분명했으니까요. 오늘따라 단짝 친구인 윤희가 얄밉게 보였습니다.

"네가 선생님과 따로 비밀 이야기를 하는 것 같아서……."

"비밀은 무슨~. 내가 일기를 잘 쓰니까 선생님께서 글짓기 대회에 한번 나가보라고 하셨어."

해맑게 웃는 윤희가 시연이는 못마땅했어요. 사실 시연이가 마음이 상한 건 바로 그 때문이었으니까요. 오늘 윤희는 일기 때문에 선생님의 칭찬을 듬뿍 받았지만 시연이는 그렇지 못했습니다.

"시연이는 좀 더 성의 있게 일기를 써야겠다. 매일 비슷한 내용뿐이구나."

시연이는 선생님께 할 말이 많았어요. 매일 집, 학교, 학원에 가는 똑같은 생활인데 어떻게 다른 이야기가 나올 수 있겠어요? 선생님께 속마음을 이야기하고 싶었지만 꾹 참았습니다.

"도대체 뭘 다양하게 쓰라는 거야? 일기에 쓸 내용도 없는데……."

시연이는 입을 삐죽거렸습니다. 그러자 윤희는 고개를 갸웃거리며 말했습니다.

"왜 쓸 내용이 없어? 난 매일매일 쓰고 싶은 것이 많아서 고르느라 힘들던데."

윤희의 대답에 시연이는 화가 부글부글 끓어올랐습니다.

"너는 일기를 잘 쓴다 이거지? 그래, 너 잘났다!"

속상했던 마음이 결국 윤희에게 터져버렸어요. 시연이는 놀란 윤희를 뒤로하고 씩씩거리며 집으로 향했습니다.

배우기 단계

일기를 쓰는 이유

일기는 숙제처럼 느껴질 때가 많아요. 몸과 마음이 힘들거나 슬픈 날에도 일기를 꼭 쓰라고 말하니까요. 일기 쓰기는 왜 중요한 걸까요?

일기는 오늘 하루를 어떻게 보냈는지 돌아보는 글이에요. 하루 동안 자신이 보고 들은 일, 기분이 좋은 일이나 속상했던 일, 하고 싶은 말이나 생각한 것들을 적어둡니다. 그리고 그것에 대해 내가 느낀 감정을 솔직하게 남기는 것이에요. 그래서 일기는 마음과 생각을 비춰주는 거울이랍니다.

간단한 일기 쓰기에도 여러 가지 의미가 담겨 있어요. 우리가 어린 시절의 모습을 사진으로 간직하는 것처럼 일기를 남겨두는 것도 매우 중요하답니다.

① 그날의 일을 정리해 줘요. 일기장을 펼쳐보면 언제, 어디서, 어떤 일이 있었는지 기억나게 해줘요.

② 마음을 위로할 수 있어요. 속상했던 마음을 일기에 쓰면 마음이 한결 가벼워져요.

③ 나의 하루를 사진처럼 남겨줘요. 마음속 이야기를 들여다보며 하루를 돌아보고 예쁜 모습을 간직할 수 있답니다.

익히기 단계

일기 하나

날짜 : 3월 11일 월요일   날씨 : 맑음
제목 : 새 친구들을 만났어요!

새 학기가 시작되었다. 어제부터 친구들을 만날 생각에 기분이 좋았다.

나는 친구들에게 잘 보이고 싶어서 머리도 깨끗이 자르고 옷도 새것으로 입었다. 그러니까 몸도 마음도 새로워진 것 같아서 뿌듯했다. 나는 빠른 걸음으로 학교에 일찍 도착했다.

새로운 반에 들어가니 형식이가 있었다. 형식이는 전에 같은 반이었는데 이번에도 한 반이 되었다. 새 친구는 아니었지만 알고 있던 친구가 있어서 정말 기뻤다. 형식이는 재미있고 이야기도 잘 들어주는 친구라서 마음이 편했다.

형식이와 나는 같은 반이 된 친구들에게 인사를 했다. 친구들도 우리에게 반갑게 인사해주었다. 서로 사이좋게 지내자고 약속하고 운동도 함께 하기로 했다. 앞으로 새로운 친구들과 보내는 시간이 무척 기대된다.

뽐내기 단계
일기 하나 더

일기를 쓸 때 자신의 마음을 자세히 표현하면 좋아요. 어떤 일에 대해 내가 느낀 마음 상태나 생각을 적어두면 이야기는 더욱 사실적으로 전달된답니다.

날짜 : 7월 29일 수요일   날씨 : 해가 쨍쨍

종일 마음이 답답했다. 왜냐하면 학원에서 친한 친구와 다퉜기 때문이다.

내가 화가 난 이유는 쉬는 시간에 나랑 편의점을 가기로 했던 친구가 다른 애랑 다녀와서이다.

나는 약속을 어긴 친구에게 화가 났다. 또 친구가 다른 애랑 더 친해 보여서 미웠다. 그래서 나는 친구에게 거짓말쟁이라고 말했다. 친구는 미안하다고 했지만 내 마음은 풀리지 않았다.

집에 와서도 친구 때문에 속상했다. 엄마가 왜 그러느냐고 물으셨다. 내가 친구랑 있었던 일을 얘기했더니 엄마는 친구의 이야기도 들어 보라고 하셨다.

하지만 친구랑 이야기하고 싶지 않다. 자꾸 속상한 마음이 커지기 때문에 지금은 혼자 있고 싶다.

{ 일기 쓰기로 마음이 쑥쑥 자라요 }

'이제부터는 잘난 체하는 윤희와 절교야!'
 시연이의 마음이 단단히 꼬여버렸어요. 하지만 한편으로는 윤희가 부럽기도 했습니다. 시연이도 일기를 잘 써서 선생님께 칭찬을 받고 싶었으니까요.
 '어떻게 하면 일기를 잘 쓰지? 누가 대신 일기를 써주면 얼마나 좋을까?'
 시연이의 머릿속이 뒤죽박죽 엉망이 된 채 집 앞까지 이르렀습니다. 바로 그때였습니다. 누군가 시연이를 향해 말을 걸었어요. 시연이는 깜짝 놀라 뒤를 돌아보았습니다.
 "안녕! 난 새로 이사 온 사람이야. 인사를 하려고 왔어."
 뒤에는 한 여자가 떡을 들고 서 있었어요. 구불구불한 곱슬머리에 짙은 쌍꺼풀을 가진 여자는 예뻤습니다. 여자는 허리를 굽

혀 시연이의 얼굴을 빤히 바라보았어요. 시연이는 새로 이사 온 사람에게 호기심이 생겨났습니다.

"저기, 그쪽……은, 뭐 하시는 분이세요?"

"내 직업은 글을 쓰는 작가야. 친언니처럼 생각하고 궁금한 것이 있으면 언제든지 물어봐!"

갑자기 시연이의 엉킨 머릿속이 싹 정리되는 것 같았어요. 눈이 번쩍 뜨일 만큼 기가 막힌 생각이 떠올랐습니다.

"작가면 글을 엄청 잘 쓰겠네요! 일기도 잘 쓰나요?"

"아마도. 어릴 때부터 꾸준히 일기를 써왔으니까. 일기 덕분에 내가 작가가 됐는걸."

시연이는 언니를 만난 것이 행운이라고 생각했습니다. 언니에게 부탁하면 앞으로 일기 걱정은 하지 않아도 될 것 같았어요. 그래서 일기를 잘 쓰는 법에 대해 물어봤습니다.

"좋아! 내가 너의 일기 선생님이 되어 줄게. 대신 누구에게도 이 사실을 말하면 안 돼!"

언니는 눈을 찡긋 감았어요. 시연이도 윙크로 대답을 대신했습니다.

배우기 단계

일기의 좋은 점

매일 일기 쓰는 습관을 들이면 나에게 도움이 되는 것이 많아요. 일기를 쓰면서 자신의 행동에 대해 한 번 더 생각하는 시간을 가지게 되지요. 잘한 일에 대해서는 스스로 칭찬해주고, 잘못한 일에 대해서는 반성하면서 마음가짐을 바로 잡을 수 있답니다.

그리고 일기를 쓰는 동안에 우리는 많은 것을 생각하게 돼요. 오늘 일어난 일을 떠올리는 것뿐만 아니라 그 일에 대해 느낀 점이나 깨달은 점도 함께 생각하게 됩니다. 그래서 일기는 생각하는 힘을 길러주고 지혜도 얻게 해준답니다.

또한 글쓰기 능력도 길러져요. 일어난 일을 기록하고 생각을 표현하는 방법은 글쓰기의 기본이에요. 일기를 잘 쓰면 다른 글도 쉽게 쓸 수 있어서 좋은 점이 많답니다.

① 하루를 돌아보고 마음가짐을 정리할 수 있어요.
② 생각의 크기가 자라면서 창의력도 커져요.
③ 표현력이 높아져 글쓰기 실력이 늘어나요.

익히기 단계

일기 하나

날짜 : 6월 12일 월요일   날씨 : 흐림
제목 : 엄마의 노래

엄마가 저녁을 만들면서 노래를 불렀다. 엄마의 뒷모습이 매우 신나 보였다. 나도 엄마의 노래를 따라 부르고 싶어졌다. 하지만 내가 모르는 옛날 노래라서 부를 수가 없었다. 어쩔 수 없이 나는 엄마의 노래를 듣기만 했다.

나는 엄마에게 즐거운 이유를 여쭤보았다. 오늘 새 원피스를 사서 기쁘다고 하셨다. 그래서 저녁 식사를 준비하는 것도 즐겁다고 말했다. 엄마의 얼굴이 정말 행복해 보였다.

엄마가 즐겁게 요리해서 만든 저녁은 맛이 있었다. 나는 엄마가 늘 기분이 좋았으면 좋겠다. 그러면 나한테도 잔소리를 덜 하고 오늘처럼 맛있는 음식들을 매일 먹을 수 있을 테니까 말이다.

뽐내기 단계

일기 하나 더

일기에는 내 생각과 행동만 적는 것이 아니에요. 다른 사람이라면 어떻게 행동했을까, 어떤 생각을 했을까도 함께 써 보세요. 이처럼 다른 사람의 처지에서 생각하면 이해하는 마음도 커진답니다.

> 날짜 : 7월 3일 목요일   날씨 : 비

그림 그리기 숙제를 하려고 도화지를 펼쳤다. 그런데 동생이 자꾸 옆으로 와서 도화지를 뺏으려고 했다. 나는 화가 났지만 참고 그림 그리기 숙제를 했다.

한참 그림을 그리다가 화장실에 갔다 왔는데 동생이 내 그리기 숙제에 낙서를 해놓았다. 나는 깜짝 놀라서 동생에게 소리를 질렀다. 그러자 동생이 크게 울기 시작했다. 나도 동생 때문에 숙제를 망쳐서 울고 싶어졌다.

엄마는 동생도 그림이 그리고 싶어서 그런 것이라고 말해주었다. 엄마의 말을 들으니 맞는 것 같았다. 왜냐하면 동생이 자꾸 내 도화지를 가져가려고 했기 때문이다.

나는 동생이 내 숙제를 방해하지 않도록 도화지 한 장을 찢어줬다. 그리고 얼른 그림을 다시 그려서 숙제를 무사히 끝낼 수 있었다. 휴, 나도 가끔 동생이고 싶다.

1단계 일기
뭘 쓰지?

즐겁게 일기 쓰기

{생활 일기}를 썼어요

다음날 시연이와 작가 언니의 첫 번째 일기 과외가 시작되었습니다. 집 앞 놀이터에서 두 사람은 시간 가는 줄 모르고 이야기를 나눴어요. 그때 시연이의 휴대폰이 요란하게 울렸습니다.

"너 아직도 학원에 안 간 거니? 늦기 전에 얼른 학원에 가!"

회사에 있는 엄마가 전화기 너머로 다그치기 시작했어요. 작가 언니의 이야기에 빠져들어 시연이는 피아노 학원에 가는 것도 까맣게 잊고 있었습니다.

"어휴~ 매일 학교, 집, 학원만 가는데 특별할 일이 생기겠어요? 일기에 쓸 것이 없는 게 당연하죠."

시연이의 불만은 끝나지 않았어요. 언니는 시연이의 이야기를 묵묵히 들어주었습니다.

"숙제하느라 제대로 일기를 쓸 시간도 없단 말이에요. 그런데 대충 쓰면 선생님께 혼나고……."

축 처진 시연이의 어깨가 무거운 학원 가방 때문에 더 내려앉아 보였어요. 언니는 시연이의 작은 어깨를 토닥토닥 두드려주었습니다.

"언니는 일기에 뭘 쓰셨어요?"

"난 매일 기억해야 할 것들을 썼어. 일기장은 나의 비밀을 털어놓을 수 있는 가장 친한 친구였거든. '키티'라고 이름도 지어줬는걸."

"윽! 일기장에 이름이라니. 유치해."

시연이의 말에 언니는 까르르 웃음을 보였습니다.

"좀 유치했지? 하지만 일기장을 친구로 생각하면 들려주고 싶은 이야기가 참 많단다."

"언니도 윤희 같은 말을 하시네요. 매일 똑같은 하루뿐인데 어떻게 다른 이야기가 나올 수 있어요?"

도무지 이해할 수 없다는 듯이 시연이는 고개를 절레절레 흔들었어요. 그러자 언니는 갑자기 가던 걸음을 멈추고 편의점으로 쏙 들어갔습니다. 어리둥절한 시연이는 언니가 나오기만을 기다렸어요. 잠시 뒤 언니는 시연이에게 아이스크림을 건네며 말했습니다.

"내가 알려줄 일기 과외 첫 번째는 생활 일기야! 오늘은 평범한 날 중에 가장 특별한 하루거든. 우리가 함께 아이스크림을 처음 먹은 날이니까."

시연이는 엉뚱한 언니의 말에 웃었습니다. 그리고 작은 일이었지만 지금을 기억하고 싶어졌습니다.

배우기 단계
일기를 쓰기 전에

일기장을 펼치면 어떤 이야기를 써야 할지 고민될 때가 있어요. 일기의 쓸거리가 생각나지 않으면 곰곰이 하루를 떠올려보세요. 그러면 일기의 글감이 생각날 수 있답니다.

글감은 글을 쓰는데 바탕이 되는 거리, 즉 소재들을 말해요. 우리가 학교나 학원에서 친구와 나누었던 이야기, 수업 시간에 생긴 일 등은 조금씩 다르잖아요. 집에서도 가족들과 있던 일, 친척들을 만난 일 등 크고 작은 변화가 생겨났을 거예요. 이러한 일들이 모두 생활 일기의 글감이 됩니다.

재미있게 했던 놀이를 중심으로 쓸 수도 있어요. 친구들과 신나게 놀거나 공놀이, 노래 부르기 등도 일기로 남겨두면 내가 어떻게 하루를 보내는지 엿볼 수 있답니다.

① 오늘 무엇을 했는지 떠올려요. 그리고 가장 기억에 남는 일을 고르는 거예요.
② 가장 기억에 남는 일에 제목을 붙여요.
③ 쓰고 싶은 내용을 중심으로 적어요.

익히기 단계
일기 하나

날짜 : 3월 7일 화요일   날씨 : 비 오다 갬
제목 : 세상에서 제일 재미난 게임

낮에 비가 와서 종일 집에만 있었다. 나는 아무것도 하지 못해서 금방 심심해졌다. 그래서 엄마에게 컴퓨터 게임을 할 수 있게 부탁했다.

엄마는 내게 30분만 게임을 하도록 허락했다. 나는 곧장 컴퓨터를 켜고 자동차 달리기 게임을 시작했다.

자동차 달리기 게임은 모르는 사람들과 경주를 해서 더욱 짜릿하다. 내가 이기면 아이템도 얻을 수 있어서 기분이 좋다. 하지만 게임에서 지면 금방 시무룩해진다. 그래도 게임을 하는 게 재미있어서 지는 건 신경 쓰지 않는다. 그냥 오래도록 게임만 하면 좋을 것 같다.

하지만 엄마하고 약속한 시간이 있어서 속상하다. 게임만 하면 시간은 왜 더 빨리 지나갈까? 정말 이상하다. 다음에는 엄마가 게임 시간을 더 많이 줬으면 좋겠다.

뽐내기 단계

일기 하나 더

생활 일기를 쓸 때 특별히 떠오르는 일이 없다면 기억해 두고 싶은 일을 적어보세요. 그리고 그러한 까닭과 느낀 점, 깨달은 점을 더하면 훌륭한 일기가 된답니다.

> 날짜 : 5월 21일 금요일   날씨 : 약간 바람

경미와 학원 가는 길에 집 없는 고양이를 만났다. 경미가 고양이 다리가 이상하다며 보라고 했다. 나는 눈을 동그랗게 뜨고 고양이를 봤다.

고양이는 몸을 웅크리고 앉아 있었다. 그리고 자꾸만 한쪽 다리를 혀로 핥았다. 내가 자세히 그곳을 살펴보니 피가 조금 흘러 있었다. 정말 고양이는 다리가 아파서 움직이지 못하는 것 같았다.

갑자기 고양이가 불쌍해 보였다. 그래서 나와 경미는 가지고 있던 과자를 고양이에게 주었다. 많이 먹어야 아픈 곳이 금방 낫는다고 엄마가 말한 것이 생각났기 때문이다.

고양이가 과자를 먹고 빨리 나았으면 좋겠다. 그리고 다음에는 다치지 말고 건강하게 다녔으면 좋겠다.

익히기 단계

일기 하나

날짜 : 1월 6일 수요일   날씨 : 추움
제목 : 병원은 무서워!

어제 아침에 기침을 하고 콧물이 났다. 밤에는 열이 나서 무척 아팠다. 엄마는 내가 감기에 걸렸다고 하셨다. 추운 날 오래 나가 놀아서 감기에 걸린 것 같다. 엄마는 빨리 병원에 가야 한다고 말했다. 그래서 병원에 다녀왔다.

병원에는 나처럼 감기에 걸린 아이들이 많았다. 다들 기침을 많이 했다. 나는 간호사 누나가 이름을 불러줄 때까지 기다렸다. 하지만 이름을 안 부르면 좋겠다고 생각했다. 왜냐하면 주사를 맞아야 하기 때문이다.

주사를 맞으면 너무 무섭고 아프다. 그리고 쓴 약도 먹어야 해서 싫다. 그래서 나는 병원이 세상에서 제일 무섭다. 다음에는 병원에 가지 않게 아프지 말아야겠다.

뽐내기 단계
일기 하나 더

자주 보았던 일이나 매일 하던 일을 새로운 마음으로 바라보아요. 집이나 학교에서 평소 해왔던 일을 새롭게 바라보면서 어떤 생각이 들었는지 써 보세요.

> 날짜 : 6월 30일 금요일   날씨 : 맑음

아빠와 함께 쓰레기를 분리수거했다. 아빠는 쓰레기가 모두 버려지는 것이 아니라고 말씀하셨다. 어떤 물건은 재활용해서 새로운 물건으로 만들어진다고 한다. 그래서 쓰레기를 버릴 때는 꼭 분리수거를 해야 한다고 이야기해주셨다.

분리수거는 재활용할 수 있는 물건을 나누는 일이다. 종이랑 음료수병은 재활용을 해야 한다. 그리고 과자봉지도 재활용함에 버려야 한다. 아빠는 과자봉지도 재활용품이라고 하셨다. 오늘 새로운 사실을 알게 되어 좋았다.

분리수거를 해서 쓰레기를 재활용하면 환경보호도 할 수 있다. 자연에 버려지는 쓰레기가 줄어들기 때문이다. 앞으로 분리수거를 잘해서 자연환경을 아끼고 보살펴야겠다.

{ 공부 일기 }를 썼어요

"누가 나와서 이 문제를 좀 풀어볼래?"

공포의 수학 시간이었어요. 아이들은 선생님의 눈을 피해 다들 고개를 푹 숙였습니다. 시연이도 괜스레 책을 보는 척 고개를 돌려버렸어요. 서로 눈치만 보느라 교실 안은 여느 때보다 긴장감이 흘러넘쳤습니다.

곧이어 선생님의 입에서 회초리처럼 따끔한 한마디가 크게 나왔습니다.

"시연이가 풀어보자!"

시연이는 머리가 쭈뼛 서는 것 같았어요. 반달이었던 눈은 보름달만큼 커져 버렸습니다. 손을 바들바들 떨며 문제를 천천히 풀어나갔지만 긴장한 탓에 쉽게 풀리지 않았어요. 시연이는 순간 울상이 되어버렸습니다.

"그만 들어가도 좋아. 이건 어려운 문제라서 풀기 힘들었을 거야. 반드시 집에서 복습하도록 해!"

선생님은 시연이를 대신해 문제를 풀었어요. 시연이는 또다시 기분이 가라앉았습니다. 멋지게 문제를 풀었으면 얼마나 좋았을까요. 자꾸만 마음처럼 안되는 것이 많아져 속상해졌습니다.

시연이가 집으로 돌아오는 길이었어요.
"저기, 시연아……. 잠깐만."
윤희가 말을 걸었지만 시연이에게는 들리지 않았어요. 수학 시간에 문제를 못 푼 것이 내내 마음에 걸렸으니까요.

"어이! 거기 정신 못 차리고 걷는 학생!"

누군가 시연이의 어깨를 잡고 흔들었습니다. 작가 언니였어요. 어느새 시연이는 아파트 입구에 도착해 있었습니다.

"수학 문제를 못 풀어서 그렇게 우울한 거였어?"

"친구들 앞에서 얼마나 부끄러웠는데요. 다시는 그런 창피를 당하고 싶지 않아요!"

언니는 시연이의 이야기를 듣고 곰곰이 생각에 빠졌어요. 그리고 무릎을 치며 큰 소리로 말했습니다.

"그래! 공부 일기를 써보자. 오늘 배운 내용을 잊지 않게 기억하는 거야!"

배우기 단계

일기를 쓰기 전에

공부한 것이나 배운 것들을 일기장에 정리하는 것이 공부 일기예요. 여러분이 학습장을 쓰듯이 오늘 학습한 내용을 일기장에 옮기기만 하면 돼요. 그래서 공부 일기는 내가 어떤 공부를 했는지, 그것을 얼마만큼 이해했는지 한눈에 알 수 있답니다.

공부 일기를 쓸 때는 새롭게 알게 된 것과 배우는 방법 등이 담겨 있어야 해요. 그리고 그것을 배우면서 어려웠던 점과 보람찼던 점이 무엇인지, 실력은 얼마나 늘었는지 등을 적으면 알찬 일기가 됩니다.

나중에 일기를 참고하면 자신이 부족한 부분도 알고 실력도 쌓을 수 있어요. 그러므로 공부 일기는 학습이 진행되는 과정을 솔직하게 담아야 합니다.

① 공부한 내용을 적어요.
② 왜 배우는지, 학습하는 방법을 이야기해요.
③ 새롭게 안 사실을 적고 학습 계획을 세워요.

익히기 단계

일기 하나

날짜 : 5월 10일 수요일   날씨 : 좋음
제목 : 곱셈 문제 풀기

수학 시간에 두 자릿수 곱셈을 배우기 시작했다. 선생님이 가르쳐줄 때는 쉬웠는데 혼자 풀려고 하니 어려웠다. 그래서 다시 한 번 곱셈 문제를 푸는 방법에 대해 공부하기로 했다.
12×14를 하면 먼저 일의 자릿수끼리 곱해야 한다. 2×4=8 그리고 12의 십의 자리와 14의 일의 자리를 또 곱해야 한다. 1×4=4. 그러면 48이 나온다.
다음에는 14의 십의 자리를 12와 각각 곱해준다. 2×1=2, 1×1=1. 그러면 12가 나오는데 여기서 중요하다. 12는 십의 자릿수가 곱한 거라서 백의 자릿수가 된다. 그래서 120이 되는 거다. 마지막으로 48+120을 해서 168이 정답이 된다.
두 자릿수 곱셈도 천천히 풀면 어렵지 않다. 앞으로는 문제 풀이를 더 많이 해서 빨리 풀어야겠다.

뽐내기 단계
일기 하나 더

배우는 것을 언제, 어떻게 시작했는지 그 이유를 일기에 쓸 수 있어요. 그리고 지금 배우고 있는 것 말고도 배우고 싶은 것을 써도 좋답니다.

> 날짜: 6월 19일 월요일   날씨: 구름 낀 하늘

피아노 선생님께서 다음 주부터는 체르니 100을 가르친다고 하셨다. 새로운 것을 배운다고 하니까 가슴이 콩닥콩닥 뛰었다. 그러다 갑자기 피아노를 처음 배우러 왔을 때가 생각났다.

피아노 학원은 친한 친구가 다닌다고 해서 나도 배우고 싶었다. 그래서 엄마를 졸라 학원을 찾아갔다.

피아노를 잘 치는 아이들을 보니까 부러웠다. 나도 피아노를 배우면 금방 그 애들처럼 잘 칠 거라고 생각했다. 하지만 그렇지 않았다. 손가락이 마음대로 움직이지 않아서 피아노 소리가 엉망진창이었다. 그때 너무 속상해서 그만두고 싶었는데 엄마가 한 달만 더 다녀 보라고 했다.

그런데 벌써 여러 달이나 지났다. 이제는 내 마음대로 피아노 건반을 누를 수 있어 정말 좋다. 더 열심히 배워서 멋지게 연주하는 피아니스트가 되고 싶다.

{ 만화 일기와 그림 일기 }를 썼어요

일요일 아침, 시연이는 한껏 게으름을 피워봅니다. 오늘 같은 날은 이불 속이 천국 같아요. 엄마의 불호령이 떨어지기 전까지는 말이에요.

"너 얼른 안 일어나! 벌써 해가 꼭대기야!"

어김없이 엄마의 잔소리가 시작되었어요. 엄마는 잔소리를 모아두었다가 주말에 다 쏟아내는 것 같았습니다.

"여자애 방이 이게 뭐니? 허물처럼 옷을 여기저기 벗어 두고. 빨리 정리해!"

시연이는 엄마의 말대로 옷을 주섬주섬 치우기 시작했습니다. 엄마는 옆에서 옷장 속에 깊숙이 넣어둔 잘 안 입는 옷을 정리했어요. 그때 반가운 물건을 발견했습니다.

"이건 외할머니가 사준 옷이잖아! 한번 입어봐야겠다."

엄마가 시연이에게 그 옷을 입히자 예전에 잘 맞던 옷이 작아져서 거인이 옷을 입은 것처럼 짧아 보였습니다. 그 모습을 본 엄마는 한참을 웃었어요.

"네가 1년 사이에 훌쩍 자랐구나. 작아진 옷은 헌옷수거함에 갖다놔야겠네."

엄마의 말에 갑자기 시연이는 어른이 된 것처럼 뿌듯했어요. 엄마는 남동생에게 입힐 옷을 빼고, 나머지는 헌옷수거함에 넣으라고 하셨어요. 시연이는 옷더미를 들고 분리수거함으로 갔습니다.

"언니, 여기서 뭐 하세요?"

작가 언니가 분리수거함에서 무언가 열심히 찾고 있었습니다.

"너를 찾고 있었지. 후후."

언니의 재미 없는 농담에 시연이는 입을 쭉 내밀었습니다.

"웬 옷들이야?"

"제 옷인데 작아져서 못 입는 옷들이에요. 헌옷수거함에 넣으려고요."

"그동안 많이 자랐구나. 작아진 옷을 입으면 내가 갑자기 어른이 된 것만 같더라."

"정말 그래요! 옷을 입은 모습은 우스꽝스러웠지만 마음은 뿌듯한걸요."

"작은 옷을 입은 네 모습을 상상하니까 웃긴걸. 오늘은 그 모습을 그려서 그림 일기로 남겨 보자!"

시연이도 언니의 말에 맞장구를 쳤어요. 오늘은 재미난 일기가 될 것 같았습니다. 집으로 돌아와 시연이는 그림 일기를, 언니는 일기를 썼습니다.

배우기 단계

일기를 쓰기 전에

일기 쓰기가 어려운 친구들은 그림 일기와 만화 일기로 그리면 좋아요. 그림 일기와 만화 일기는 그림으로 표현하기 때문에 다른 일기보다 쓰기가 쉬워요. 평소 글만 쓰는 일기가 지루해지면 그림 일기와 만화 일기로 재미있게 꾸밀 수도 있답니다.

그림 일기와 만화 일기를 쓸 때는 먼저 그림을 그리고, 그 밑에 어떤 내용인지 설명하는 글을 적어요. 그림은 내용을 잘 표현할 수 있는 장면을 뽑아야 해요. 예를 들어, 작아진 옷을 입은 모습이나 무엇을 보고 놀란 표정 등을 그리면 무슨 내용인지 금방 이해할 수 있답니다.

이처럼 특징을 살린 행동이나 장면을 그려야 해요. 그리고 그림의 내용에 맞는 글쓰기도 중요하답니다.

① 일기 내용을 가장 잘 나타내는 장면을 떠올려요.
② 색연필, 연필, 사인펜, 크레파스 등 다양한 재료로 일기장에 그려요.
③ 그림 아래에 어떤 내용인지 설명을 적어요.

익히기 단계

일기 하나

날짜 : 9월 21일 화요일   날씨 : 햇빛
제목 : 옷이 작아졌어요!

예전에 외할머니가 사준 옷을 입어보았다. 그때는 딱 맞아서 예뻤는데 지금은 소매가 짧아져 우스꽝스러워 보였다. 작은 옷을 입으니까 내가 마치 거인이 된 것 같았다.
엄마는 내가 커서 옷이 작아진 거라고 말했다. 키가 많이 자란 것 같아서 마음이 뿌듯하다.

뽐내기 단계
일기 하나 더

그림 일기를 꾸밀 때는 그림을 한 면 가득 그릴 필요가 없어요. 몇몇 단어에만 그림을 그려 넣던가, 그림 대신 사진이나 잡지 등을 오려서 붙이는 방법도 있답니다.

> 날짜 : 2월 26일 토요일   날씨 : 눈 온 뒤 해

오늘 엄마랑 문방구에 갔다. 새 학년을 맞아 필요한 학용품을 사기 위해서였다. 나는 문방구에 갈 때가 너무 좋다. 왜냐하면 내가 좋아하는 문구도 살 수 있고, 예쁘고 재미있는 것들을 구경할 수 있기 때문이다.
엄마와 나는 수첩에 필요한 것들을 적어서 갔다.
엄마가 먼저 내가 필요한 것을 고르라고 하셨다. 그래서 나는 연필, 지우개, 공책 그리고 일기장을 골랐다.
그다음 엄마는 수첩을 보면서 필통, 크레파스, 색연필을 샀다. 그리고 새 학년 선물로 예쁜 스티커도 사주셨다.
매일매일 새 학년이었으면 좋겠다. 그러면 공책이랑 연필이랑 마음껏 살 수 있으니까 말이다.

{ 탐구 일기 }를 썼어요

"희찬아! 놀이터 밖으로 나가면 안 돼."
시연이는 달아나는 동생을 부리나케 쫓아갔습니다.
'어이구, 6살 꼬맹이들은 골칫덩어리들이라니까.'
아파트 뒤편으로 사라진 동생을 보며 시연이는 생각했습니다. 언제나 제자리에서 노는 법을 모르는 동생이 정말 귀찮았어요. 하지만 오늘 동생과 놀아주는 것이 시연이가 맡은 일이었습니다.
"정희찬! 너 어디로 숨은 거야? 안 나오면 두고 갈 거야."
건물 뒤편으로 몸을 돌리자 화단에 쭈그려 앉아 있는 동생의 뒷모습이 보였어요. 동생 옆에는 작가 언니도 앉아서 무언가 열심히 살펴보고 있었습니다.
"언니는 꼭 엉뚱한 곳에서 만나게 되네요."
"쉿! 조용히 해. 우리는 지금 개미를 관찰 중이야."

시연이도 자연스럽게 화단 앞에 쭈그려 앉았습니다. 셋은 물끄러미 땅만 바라보았어요. 화단에 집을 지은 개미들은 분주하게 흙을 나르고 있었습니다.

"조만간 비가 올 것 같네."

"네? 이렇게 해가 쨍쨍한데요."

언니는 가끔 이상한 말을 해서 시연이를 어리둥절하게 만들었습니다.

"개미들을 봐봐! 입구 주변에 성처럼 흙을 쌓고 있잖아. 원래 개미들은 비가 올 것을 대비해서 이렇게 집을 보호한단다."

시연이는 여전히 이해할 수 없었어요. 개미가 흙을 쌓는 것과 비와 무슨 관계가 있다는 걸까요? 언니에게 궁금한 것이 많았습니다.

"곤충들은 뛰어난 날씨 예언가야. 그들은 습기나 온도에 민감해서 미리 날씨를 예측하고 준비를 해두지."

"그럼 개미들은 곧 비가 오니까 집이 물에 잠기지 않도록 출입구를 막는 거군요."

"정답이야! 오늘 개미의 모습을 잘 관찰해서 탐구 일기를 써 볼래? 그러면 개미에 대한 새로운 사실들을 알게 될 거야."

배우기 단계
일기를 쓰기 전에

탐구 일기는 한 가지 대상을 관찰한 후에 적는 일기예요. 예를 들어서 식물이나 동물 등을 세심하게 살펴보고 생김새나 자라나는 과정 등을 기록합니다.

이때 관찰 시기는 다양해요. 하루 동안 보고 느낀 것을 적을 수도 있고, 일정 기간 관찰하면서 그 과정을 쓸 수도 있어요.

그러면서 관찰을 시작하게 된 이유와 관찰하면서 새롭게 알게 되는 것에 대해 자세히 써 나갑니다. 만약 궁금한 것이 생기면 백과사전이나 인터넷 등을 찾아 보충할 수 있답니다.

이렇게 탐구 일기를 쓰다 보면 지식도 늘어나고, 사물을 자세히 살펴보는 습관이 생겨서 관찰력이 좋아집니다. 주변의 동식물에 호기심을 갖고 탐구하는 버릇을 길러보도록 해요.

① 동식물이나 사물 중에 탐구할 대상을 정해요.
② 탐구한 과정을 순서대로 써요.
③ 관찰한 결과와 새롭게 알게 된 것, 느낌을 함께 정리해요.

익히기 단계

일기 하나

날짜 : 8월 27일 목요일   날씨 : 몹시 더움
제목 : 개미의 놀라운 능력

놀이터에서 열심히 과자 부스러기를 나르는 개미들을 보았다. 개미의 생김새는 머리, 가슴, 배로 나누어져 있었고 머리에 더듬이가 길쭉하게 나와 있었다.

내가 본 개미들은 제 몸보다 몇 배는 큰 과자 부스러기를 나르고 있었다. 무척 무거워 보였는데 쉬지도 않고 재빠르게 움직였다. 어떻게 개미가 자기의 몸보다 큰 물건을 나르는지 궁금해졌다. 그래서 백과사전을 찾아서 이유를 알아보았다.

개미는 내가 몰랐던 놀라운 능력들이 있었다. 자기 몸무게보다 10배 이상 되는 짐을 옮길 수도 있고, 먹이를 찾아 200m나 멀리 떨어진 곳까지 갈 수 있었다.

더욱 놀라운 건 절대 길을 잃어버리지 않는다는 것이다. 자기만의 독특한 냄새 물질을 흘려서 그것을 맡고 다시 집을 찾는다고 한다. 조그마한 몸에도 엄청난 능력이 있다는 게 놀라웠다.

뽐내기 단계

일기 하나 더

좀 더 사실적인 탐구 일기를 쓰려면 언제부터 언제까지 관찰했고, 관찰 과정은 어땠는지, 조금씩 달라지는 부분은 무엇인지 세세히 기록해요. 이때 관찰 대상의 사진을 찍어 덧붙이면 더욱 좋답니다.

- 탐구 대상 : 콩나물 키우기
- 실험 기간 : 5월 6일~5월 11일
- 관찰 과정 : 페트병을 반으로 자른 뒤 윗면을 뒤집어 끼운다. 페트병의 구멍을 거즈로 막고 콩을 넣고 물을 충분히 준다. 그리고 햇빛이 안 보이게 검은 봉지를 덮어서 보관한다. 그런 다음 아침, 저녁으로 콩나물에 물을 흠뻑 주었다.
- 관찰 결과 : 하루가 지나자 콩에서 싹이 났다. 4일부터는 콩나물의 모습으로 부쩍 자라나 있었다. 6일째 되는 날 콩나물이 커져서 관찰을 마쳤다.
- 느낀 점 : 콩나물을 집에서 키울 수 있다는 게 정말 신기했다. 생각보다 자라는 속도도 빠르고 키우는 방법도 간단했다. 하지만 매일 물을 여러 번 줘야 한다. 그러지 않으면 콩나물이 말라죽을 수 있기 때문이다. 이번 탐구로 무엇을 키우려면 끊임없이 관심을 주고, 정성을 들여야 한다는 사실을 깨달았다.

{ 자연 일기 }를 썼어요

'정말 언니의 말처럼 비가 오네.'
시연이는 말없이 비가 오는 창밖을 바라보았습니다.
"오늘 빗소리는 계절이 바뀌는 소리구나."
아빠는 시연이의 머리를 쓰다듬으며 말씀하셨어요. 빗소리를 계절이 바뀌는 소리라고 생각하니까 오늘 하루가 다르게 느껴졌습니다.
"여보, 꾸물거리다가는 회사에 지각하게 될 거야!"
"이크, 시연아! 학교 잘 다녀와."
엄마의 말에 아빠는 허겁지겁 문을 나섰습니다. 곧이어 시연이도 학교에 갈 채비를 서둘렀습니다.
학교로 향하는 길, 시연이는 우산에서 떨어지는 빗방울에 손을 가져다 댔어요. 차가운 기운이 온몸에 퍼져 오돌토돌한 소름이 돌았습니다. 그때 누군가 시연이의 우산 속으로 쏙 들어왔습니다.

"비가 올 줄은 알았는데 우산 챙기는 것을 깜빡했네."

작가 언니였습니다. 시연이는 도깨비 같은 언니가 참으로 신기했습니다.

"언니는 어디서 나타나는 거예요? 집은 몇 호예요? 이름은요?"

"내가 좀 이리저리 잘 돌아다녀. 그래서 집에는 잘 있지 않지. 이름은 안네야!"

"안내? 무엇을 알려줄 때 말하는 안내요?"

언니는 배를 움켜쥐며 큰소리로 웃기 시작했어요.

"아니, 안네. 너에게 일기 쓰는 법을 알려주니까 안내도 맞네!"

시연이는 뭐가 뭔지 아리송했습니다.

"오늘은 자연 일기를 쓰렴. 계절이나 환경에 대해서 네가 보고 느낀 것을 적으면 돼. 그럼, 난 가볼게."

언니는 우산 밖을 빠져나와 빗속으로 사라졌습니다. 마지막에 알 수 없는 말을 남기고서 말이에요.

"참, 누군가의 마음속에도 비가 오니까 잘 살펴봐!"

배우기 단계

일기를 쓰기 전에

우리가 사는 지구의 환경을 '자연'이라고 해요. 자연 일기는 주변의 환경을 생각하며 쓰는 일기입니다. 계절이 바뀌면서 달라지는 것들, 날씨가 변하면서 느껴지는 것들, 환경이 더러워지면서 생겨나는 일들이 자연 일기의 쓸거리가 돼요.

대표적인 것이 환경 오염이에요. 환경 오염은 먼지나 자동차 매연, 황사 등으로 공기가 더러워지는 대기 오염이 있어요. 그리고 오염된 환경 때문에 지구가 숨을 못 쉬고 점점 더워지면서 일어나는 온난화 현상도 있습니다.

이처럼 자연을 아프게 하는 원인을 찾아 일기에 적어보아요. 자연 일기를 쓰게 되면 자연의 소중함을 더욱더 생각하게 된답니다.

① 내가 생각하는 자연에 대해 떠올려 보아요.
② 자연을 아끼고 보호할 방법을 찾아보아요.
③ 자연 보호를 위해서 내가 할 수 있는 것들이 무엇이 있을지 적어요.

익히기 단계

일기 하나

날짜 : 9월 11일 수요일   날씨 : 비
제목 : 가을이 오는 소리

온종일 가을비가 내렸다. 아빠는 가을비가 계절이 바뀌는 소리라고 말씀하셨다. 나는 무슨 말인지 몰라서 왜 그런 거냐고 여쭈어 보았다. 그러니까 아빠가 계절이 바뀔 때마다 비가 먼저 내린다고 이야기해주셨다.

아빠의 말씀을 들으니까 비는 자연을 깨끗이 씻는 물청소라는 생각이 들었다. 다음에 찾아오는 계절을 위해서 주변을 청소하는 것이다. 이번에는 가을을 위해서 청소를 한다.

가을에는 나뭇잎이 울긋불긋 물들어서 산을 온통 아름답게 색칠한다. 하늘은 파랗고 맑지만 바람이 점점 차가워진다. 그래서 긴 소매 옷을 꺼내 입어야 한다. 나는 덥지도 춥지도 않은 가을이 계절 중에서 제일 좋다.

그런데 얼마 전에 뉴스에서 환경이 오염돼서 가을이 사라질지도 모른다는 얘기를 들었다. 나는 가을이 사라지지 않게 환경을 보호해야겠다고 생각했다.

뽐내기 단계
일기 하나 더

환경 오염을 주제로 쓸 때는 오염이 일어나는 원인과 결과를 정리해서 쓰면 좋아요. 이때 오염을 줄이는 방법도 더해주면 알찬 자연 일기를 완성할 수 있답니다.

> 날짜 : 7월 29일 토요일   날씨 : 해가 쨍쨍

가족들과 계곡으로 물놀이를 갔다. 한참 재미있게 물놀이를 하고 있는데 물 위에서 무언가 둥둥 떠내려오는 것을 보았다. 가까이 가서 살펴보니 누군가 먹고 버린 수박 껍질이었다. 얼마 뒤에는 비닐 봉투까지 떠내려왔다.

쓰레기를 보니까 마음이 정말 좋지 않았다. 이렇게 쓰레기를 함부로 버리면 우리가 지저분한 물에서 물놀이를 해야 하고, 물이 오염될 것 같았다. 며칠 전 뉴스에서도 관광객들이 버린 쓰레기 때문에 지구가 몸살을 앓는다고 했다. 사람들이 마구 버린 쓰레기로 환경 오염이 점점 심해지는 것 같다.

그런데 환경이 오염되면 우리도 병이 생긴다. 우리가 먹는 재료들이 모두 환경에서 자라기 때문이다. 사람들이 이런 사실을 잊지 않았으면 좋겠다. 나부터라도 쓰레기를 버리지 말고, 재활용을 많이 해서 나쁜 쓰레기를 더 이상 만들지 말아야겠다.

{마음 일기}를 썼어요

교실 안의 풍경은 언제나 똑같아요. 아이들은 끼리끼리 모여 수다를 떨었습니다. 시연이도 다른 아이들과 수다를 떨었지만 왠지 마음이 불편했어요.
"너 요즘 윤희랑 잘 안 다니더라. 둘이 싸웠지?"
"싸운 거 아니야. 그냥 좀 그럴 일이 있었어."
시연이의 눈길이 윤희에게 옮겨졌습니다. 그때 윤희와 눈이 마주쳤어요. 시연이는 재빨리 고개를 돌려 윤희를 모른 체했습니다. 윤희의

얼굴에 먹구름이 낀 것처럼 어두워졌습니다.
하교 후 시연이와 친구들은 함께 떡볶이집으로 몰려갔습니다.
"얘들아, 저기 봐! 윤희 지나간다."
"시연이가 같이 안 놀아주니까 혼자 다니네."
윤희는 고개를 푹 숙인 채 땅만 보고 걷고 있었어요.
"아줌마, 여기 떡볶이 한 접시요!"
시연이와 친구들이 분식집에 들어서는 순간, 쩌렁쩌렁 울리는 여자의 목소리가 들렸어요. 안네 언니였어요.

"역시 떡볶이는 학교 앞 떡볶이가 최고지!"

언니가 시연이를 향해 윙크하며 말했습니다.

안네 언니와 시연이는 분식집을 나와 집으로 걸어갔습니다. 그러다 문득 혼자 집으로 가던 윤희가 생각이 났습니다.

'쳇, 윤희는 내가 안 놀아주니까 혼자 다니는구나.'

늘 함께하던 윤희가 혼자 다니고 자기 옆에 없으니까 시연이도 어색하기만 했어요.

"시연이 마음이 편하지 않구나. 아마 그 친구도 그런 마음으로 하루를 보낼 거야."

안네 언니가 시연이의 마음을 아는지, 이렇게 말했습니다.

"지금 네가 느끼는 마음을 일기장에 옮겨봐. 그러면 친구의 마음을 좀 더 이해할 수 있을 거야."

집으로 돌아온 시연이는 언니의 말대로 마음 일기를 써보았어요. 솔직하게 자신의 마음을 써보니까 윤희의 마음도 조금은 알 것도 같았습니다.

배우기 단계

일기를 쓰기 전에

하루 동안 우리는 많은 감정을 경험하게 돼요. 화난 마음, 기쁜 마음, 우울한 마음, 쓸쓸한 마음, 짜증 나는 마음, 부끄러운 마음 등등 다양한 마음들이 생겨났다가 사라집니다. 이러한 감정들을 잘 관찰해서 쓰는 것이 마음 일기입니다.

마음 일기는 하루 동안 내 안에서 어떤 마음이 일어나고 사라졌는지, 상황에 따라 느껴지는 마음을 놓치지 않고 솔직하게 적는 거예요. 생각이 아니라 오직 마음만 기록합니다.

이렇게 마음 일기를 쓰다 보면 자신의 마음을 돌아보는 시간을 가질 수 있어요. 왜 짜증이 났는지, 짜증을 낼만한 일이었는지, 참을 수는 없었는지 등을 생각하게 됩니다.

그래서 마음 일기를 습관화하면 감정을 조절하는 능력이 생겨나고, 다른 사람의 감정까지 이해할 수 있는 넓은 마음을 얻게 된답니다.

① 오늘 하루 느꼈던 마음들을 떠올려요.
② 내 마음을 돌아보며 솔직하게 일기에 써요.
③ 그런 마음이 느껴진 이유를 정리해요.

익히기 단계
일기 하나

날짜 : 5월 4일 수요일   날씨 : 먹구름
제목 : 마음이 들쭉날쭉 이상한 하루

오늘은 짝꿍을 바꾸는 날이었다. 선생님은 짝꿍이 되고 싶은 사람을 쪽지에 쓰라고 했다. 나는 떨리는 마음으로 현규의 이름을 적었다.

짝꿍의 이름이 불리자 내 가슴은 콩닥콩닥 설렜다. 현규가 짝꿍이 된 것이다. 그때는 하늘을 나는 것처럼 기쁜 마음이었다.

그러나 얼마 있다가 내 마음은 짜증으로 변해버렸다. 왜냐하면 현규가 장난을 쳤기 때문이다. 현규가 자꾸 내 공책에다 낙서를 해서 얄미운 마음이 들었다. 괜히 현규 이름을 적은 것 같아서 후회됐다.

나는 선생님께 이르고 싶은 마음이 굴뚝같았다. 그런데 한 번 더 참아보기로 했다. 엄마가 그러는데 남자아이들은 원래 좋아하는 친구에게 장난을 친다고 했다. 엄마의 말처럼 현규가 나를 좋아해서 장난을 친 걸까? 자꾸자꾸 현규의 마음이 궁금해진다.

뽐내기 단계
일기 하나 더

마음 일기에 자신의 소원이나 고백을 쓸 수도 있어요. 마음을 답답하게 누르고 있는 이야기를 마음 일기에 적으면 후련한 마음이 들기도 해요. 또 간절한 마음으로 소원하는 것을 쓰면 이루어질 수도 있답니다.

> 날짜 : 10월 14일 금요일   날씨 : 해와 바람

오늘 청소하다가 교실에서 오백 원짜리 동전을 주웠다. 주인을 찾아주고 싶었는데 친구들이 집에 가버려서 찾아줄 수가 없었다. 그래서 내일 동전 주인을 찾아주려고 했다.

그런데 그만 내가 돈을 다 써버렸다. 집에 오는 길에 친구가 자꾸 컵 떡볶이를 먹자고 해서 그 돈으로 사 먹고 말았다. 떡볶이를 먹을 때에는 몰랐는데 집에 와서 있으니까 자꾸 마음이 답답했다.

돈을 잃어버린 친구가 찾을까봐 걱정된다. 내가 함부로 돈을 써서 얼마나 화가 날까? 누가 내 돈을 쓰면 나도 엄청 화가 날 것 같다.

내일은 엄마에게 오백 원을 달라고 해봐야겠다. 그래서 주인을 찾아 돈을 돌려줘야겠다. 제발 엄마가 오백 원을 주었으면 좋겠다. 꼭 기도하고 자야겠다.

{ 음식 일기 }를 썼어요

"언니! 한참을 찾았잖아요. 집도, 전화번호도 몰라서 아파트 주변만 빙글빙글 돌았어요."

숨을 헐떡거리며 달려온 시연이가 의자에 털썩 주저앉았어요. 언니는 시연이가 올 것을 알았는지 한 손에 쥐고 있던 음료수를 건넸습니다.

"뭘 찾아? 부르면 나타날걸."

"이 커다란 아파트에서 어떻게 불러요? 들리지도 않겠구먼."

"뭐, 마음속으로 생각하면 나타날 수도 있고. 우린 한마음이니까!"

더 이상 시연이는 언니의 농담을 받아줄 기운이 없었어요. 얼굴을 찌푸리며 고개를 절레절레 흔들었습니다.

"지금 농담할 때가 아니거든요. 언니에게 물어볼 것이 있단 말이에요."

언니는 시연이의 말에 귀를 기울였습니다.

"친구와 싸워서 화해하고 싶은데 어떻게 해야 할지 모르겠어요."

시연이의 이야기가 끝나자 언니는 잠시 생각에 빠졌습니다. 그리고 손뼉을 치며 입을 열었어요.

"네가 직접 만든 것을 윤희에게 선물하는 건 어때? 예를 들어 요리 같은 거 말이야."

"저는 음식을 만들어 본 적이 없는 걸요. 아마 맛도 모양도 엉망일 거예요."

자신이 만든 요리를 생각하니 끔찍했습니다.

"누군가 너를 생각하며 정성스럽게 음식을 만들었다면 네 마음은 어떨 것 같아? 마음 일기를 써봐서 잘 알 거야. 겉모양은 중요하지 않아. 그곳에 담긴 의미가 중요하지."

언니의 말에 용기를 얻은 시연이는 내일 체험학습에 가져갈 간식을 만들기로 했습니다.

"엄마랑 같이 샌드위치를 만들어야겠어요! 체험학습 시간에 나눠 먹게요."

"좋은 생각이야! 이왕 하는 김에 내 것부터 먼저 만들어주면 안 될까?"

둘은 얼굴을 마주하고 소리 내어 웃었어요. 시연이는 언니가 있어 무척 든든했습니다.

"오늘은 요리 일기를 쓰렴."

이렇게 말하며 언니는 자리를 떠났어요. 그런데 시연이는 갑자기 이상한 생각이 들었습니다.

'내가 언니에게 윤희 이름을 얘기했었나?'

배우기 단계
일기를 쓰기 전에

식당에서 맛있는 요리를 먹거나 부모님을 도와 음식을 만들어 본 경험이 있나요? 음식 일기는 음식과 관련된 것들을 일기로 쓰는 거예요.

어떤 요리를 먹어 보고 그 맛을 표현해 볼 수 있습니다. 또 음식을 만들었을 때의 과정이나 느낌을 일기로 남겨도 좋습니다. 그래서 음식 일기의 글감은 다양해요.

직접 음식을 만들 때, 맛본 음식을 적고 싶을 때, 텔레비전 프로그램을 보고 먹고 싶은 음식이 생겼을 때 등등 요리에 관한 어떤 것이든 소재가 될 수 있답니다.

음식 일기를 쓸 때에는 요리를 만드는 순서, 요리에 사용된 재료, 완성된 요리의 맛과 모습, 내가 얼마만큼 참여했는지 등을 자유롭게 적으면 좋답니다.

① 어떤 요리를 했거나 무슨 음식을 먹었는지 떠올려요.
② 요리의 재료, 음식을 만드는 순서를 정리해요.
③ 요리를 완성하고 난 후의 기분과 음식의 맛을 다양하게 표현해요.

익히기 단계

일기 하나

날짜 : 7월 20일 토요일   날씨 : 더움
제목 : 시원한 아이스크림

날씨가 무척 더웠다. 가만히 앉아 있어도 땀이 줄줄 흘렀다.
엄마와 함께 마트에 갔다. 엄마는 반찬거리와 과일을 사셨다. 그리고 아이스크림을 사서 나와 하나씩 나눠 먹었다.
시원한 마트에서 아이스크림을 먹으니 기분이 좋았다. 엄마는 바닐라 아이스크림을, 나는 딸기 아이스크림을 먹었다. 우유가 많이 들어가서 그런지 동네에서 파는 아이스크림보다 더 고소하고 부드러웠다.
집으로 돌아와 저녁을 먹고서 엄마가 냉장고에 있던 수박을 주셨다. 수박은 달고 무척 시원했다. 여름에는 과일 중 수박이 최고인 것 같다.

뽐내기 단계
일기 하나 더

음식의 재료와 요리를 만드는 순서를 기록하는 것도 좋지만 요리를 하면서 있었던 일들을 적는 것도 좋답니다. 재미있었던 일이나, 실수했던 것들을 잘 떠올려서 요리 일기를 써보도록 해요.

> 날짜 : 2월 14일 금요일   날씨 : 햇빛 조금

오늘은 밸런타인데이이다. 이날은 여자가 남자에게 초콜릿을 선물하는 날이라고 엄마가 말해주었다. 그래서 엄마와 나는 아빠에게 밸런타인데이 선물을 드리기 위해 초코 과자를 만들기로 했다.

우리는 밀가루와 버터, 우유를 섞어서 반죽을 만들었다. 그런데 내가 그만 우유를 많이 넣는 바람에 반죽이 죽같이 변해버렸다. 엄마는 초코 과자 죽을 만들면 되겠다고 농담을 했다. 엄마와 나는 얼굴을 마주 보고 한참 웃었다.

나중에 엄마가 다시 밀가루를 넣어 제대로 된 반죽을 만들었다. 노릇하게 잘 구워진 과자는 맛도 좋았다. 나는 아빠에게 편지를 써서 과자와 함께 포장했다. 아빠는 엄마와 내가 만든 과자가 세상에서 제일 맛있다고 칭찬해주셨다.

{ 체험 일기 }를 썼어요

　체험학습 날은 언제나 들뜨기 마련입니다. 커다란 버스에 올라탄 친구들은 벌써 자리 다툼을 시작했어요.
　"채원아! 여기 앉아."
　경미는 단짝인 채원이와 한자리를 차지했습니다. 버스에 오른 시연이도 주변을 둘러봤어요. 몇몇 빈 좌석들이 보이고, 혼자 덩그러니 앉아있는 윤희의 옆자리도 보였습니다. 시연이는 뭔가 결심한 듯 입을 '앙' 다물고 앞으로 성큼성큼 걸어가 윤희 옆자리에 앉았습니다.
　"옆자리 비었지? 내가 앉는다."
　시연이가 이렇게 말하자 윤희는 놀란 눈으로 시연이를 바라봤습니다. 시연이는 딴청을 부리며 아무렇지 않은 척 앉아있었어요. 하지만 윤희의 입꼬리가 살짝 올라가는 게 보였습니다.

"절구다! 옛날에는 여기에다가 곡식을 빻고 떡을 만들었구나."

한국민속촌은 정말 신기한 것이 많았어요. 친구들은 절구를 찧고, 제기차기와 투호 놀이를 하며 민속촌 곳곳을 돌아다녔습니다.

그러나 시연이와 윤희는 여전히 서먹하기만 했어요. 아직 누구도 먼저 말을 걸지 않았으니까요. 이때 시연이가 윤희의 옷소매를 잡아당겼습니다.

"우리 저기 가서 짚신 만드는 거 구경할래?"

윤희가 고개를 끄덕이며 한껏 웃어 보였습니다. 얼마 뒤 둘은 언제 토라졌는지도 모르게 다시 단짝이 되었어요. 점심시간에는 시연이가 만들어온 샌드위치를 먹으며 기분이 더욱 좋아졌습니다.

"앞으로 사이좋게 지내자!"

시연이와 윤희는 두 손을 꼭 잡았어요. 다시는 싸우지 말자고 약속했습니다.

"맞다! 내가 아는 언니가 체험한 것을 일기로 남겨보라고 했어. 우리 체험 일기를 써서 어떻게 다른지 비교해보자."

시연이의 의견에 윤희도 흔쾌히 승낙했어요. 이번 체험학습은 그 어느 때보다 유익하고 즐거운 하루였습니다.

배우기 단계
일기를 쓰기 전에

여러분은 체험학습을 다녀본 경험이 많을 거예요. 교실 밖 학습 현장에 가서 직접 보고, 듣고, 경험한 것을 적은 것이 체험 일기랍니다. 예를 들어 농장 체험, 캠프 활동, 박물관이나 미술관 견학 등이 체험 일기의 소재가 돼요.

체험 일기를 쓸 때는 경험에 대한 느낌과 생각을 중심으로 쓰면 됩니다. 체험을 떠날 때의 기분이나 기대감, 보고 들은 것, 알게 된 것, 체험 후의 소감 순으로 적으면 좋아요.

예를 들어 어디에서 무엇을 했고, 어떤 특징이 있는지, 내 마음이 어땠는지를 기록하면 훌륭한 체험 일기를 완성할 수 있어요.

그리고 체험학습 장소에 대한 정보를 알아보는 것도 좋아요. 내가 알게된 정보를 일기에 적으면 남들과 다른 체험 일기를 쓸 수 있답니다.

① 체험학습의 장소, 날짜와 함께 간 사람들이 누구인지를 적어요.
② 무엇을 보고 체험했는지, 체험학습을 하며 있었던 일을 차례대로 적어요.
③ 체험을 통해 새로 알게 된 점과 느낌도 함께 써요.

익히기 단계

일기 하나

날짜 : 10월 6일 목요일   날씨 : 맑음
제목 : 치즈를 만들었어요!

치즈마을로 체험학습을 떠나는 날이었다. 아침에 눈을 뜨자마자 너무 설레어서 엄마에게 빨리 도시락을 만들어달라고 했다. 그래서 오늘은 내가 처음으로 학교에 일등으로 등교할 수 있었다.

치즈마을에 도착하니, 체험장에서 치즈에 대한 설명을 해주셨다. 나랑 친구들은 수첩과 연필을 꺼내어 열심히 설명 내용을 적었다.

그리고서 치즈 만들기 체험을 했다. 먼저 손을 씻고 재료를 자르고 뜨거운 물을 부어 반죽을 했다. 그리고 열심히 반죽을 주무르고 쭉쭉 잡아당기니 치즈가 되었다.

다 만들고 나서 치즈를 먹어 보기도 했다. 가게에서 파는 치즈보다 더 고소하고 맛있었다.

뽐내기 단계
일기 하나 더

체험학습을 할 때는 미리 공책과 연필을 준비해서 현장에서 알려주거나 배운 내용을 써보세요. 그 내용을 바탕으로 일기를 쓰면 좀 더 쉽게 체험일기를 완성할 수 있답니다.

> 날짜 : 3월 29일 수요일   날씨 : 조금 추움

누에를 기르는 생태체험농장에 다녀왔다. 그곳은 누에를 길러서 명주실을 뽑아내는 곳이라고 한다. 처음 누에를 보았을 때는 징그럽게 생겨서 가까이 가기 싫었다. 그런데 누에 선생님의 설명을 듣고 생각이 달라졌다.

누에는 번데기가 되면 스스로 실을 토해서 몸을 감싸는 집을 만든다. 그것이 바로 명주실의 원료가 된다고 얘기해주셨다. 누에고치에서 얻은 명주실로 우리가 입는 옷을 만들 수 있다고 한다. 옛날 조상님들은 이렇게 비단옷을 입고 추위와 더위를 이겨냈다고 알려주셨다.

그리고 누에는 깨끗한 잎을 먹고 자라기 때문에 더러운 곤충이 아니라고 했다.

선생님의 말씀을 들으니 누에가 징그러워 보이지 않았다.

{여행 일기}를 썼어요

'며칠 언니가 안 보이네. 무슨 일이 생겼나?'

시연이는 언니에게 할 이야기가 많았어요. 윤희와 다시 친하게 지내는 것도 전해주고, 오늘 가족과 여행을 간다는 것도 알려주고 싶었습니다.

"자, 이제 출발하자! 오랜만에 떠나는 여행이니까 한껏 기분을 내보자고!"

아빠는 혼자 흥이 났어요. 그 모습에 시연이는 웃음이 나왔습니다.

자동차는 씽씽 달려 어느새 죽녹원 앞에 도착했습니다. 시연이는 자동차에서 내리자마자 곧장 죽녹원으로 향했어요. 잠시 뒤 깜짝 놀랄만한 일이 벌어졌습니다.

"언니가 왜 여기 있어요?"

눈이 휘둥그레진 시연은 유령을 본 것만 같았어요. 눈앞에 안네 언니가 있었습니다.

"그럼 너는 여기 왜 있는데? 나도 너처럼 여행을 왔는걸."

어쩐지 바보 같은 질문이라고 생각했습니다.

"여기서 언니를 만나서 놀랐어요. 며칠 안 보이더니 여기 계셨네요."

놀라움이 반가움으로 바뀌었어요. 시연이는 윤희와 화해한 일 등 그동안 언니에게 하고 싶었던 말을 쏟아냈습니다.

"이제 걱정거리가 사라졌으니 여행을 즐기면 되겠네."

언니는 대나무 숲 사이를 걸어가기 시작했어요. 시연이와 가족들도 언니의 뒤를 따라 걸었습니다. 많은 사람이 긴 대나무들 사이를 걸어가고 있었습니다. 초록색 대나무 사이를 걸으니 기분이 상쾌해지고 머리도 맑아지는 것 같았습니다.

앞에서 걸어가던 언니가 갑자기 뒤를 돌아보며 시연이에게 말했습니다.

"여행 왔다고 일기를 안 쓰면 안 돼! 일기는 한 번 밀리면 쓰기가 힘들어져. 그 순간의 행동과 생각이 기억나지 않을 때가 많거든."

"역시 언니는 일기 안내자였어요. 지금도 일기 얘기라니……."

투덜거리기는 했지만 시연이는 언니의 말대로 오늘은 여행 일기를 썼습니다.

배우기 단계

일기를 쓰기 전에

여행은 마음을 쉬게 하고 즐거운 추억을 만들게 해줘요. 여행의 경험을 오래 간직하려면 여행 일기를 쓰는 것이 좋습니다.

여행 일기는 여행에서 생긴 일들을 정리하여 다시 마음에 새기는 과정이에요. 여행 다녀온 곳을 떠올리면서 재미있었던 일, 놀라웠던 일, 여행지에서 느꼈던 마음 등을 적으면 됩니다.

여행 일기를 쓸 때는 시간의 순서대로 쓰는 것이 제일 쉬워요. 여행을 떠날 때의 느낌, 여행 장소에 도착해서 벌어진 일, 여행이 끝난 후의 아쉬움 등을 차례대로 적어보세요.

그리고 여행 일기는 멀리 떠나야만 쓰는 것이 아니에요. 집과 가까운 공원이나 시골 친척 집 등을 다녀와도 쓸 수 있어요. 중요한 것은 여행 장소가 아니라 여행의 기억을 오래 간직하도록 쓰는 습관을 기르는 것입니다.

① 누구와 어디로 갔는지, 여행을 떠난 이유가 무엇인지 생각해요.
② 여행에서 생겼던 일을 차례대로 써요.
③ 여행 장소의 특징을 정리하고 여행 후의 느낌으로 마무리해요.

익히기 단계
일기 하나

날짜 : 8월 12일 토요일   날씨 : 수영하기 좋은 날
제목 : 가족과 함께 떠난 바다 여행

아빠의 휴가에 맞춰서 바닷가로 여행을 떠났다. 바다로 가는 길이 오래 걸렸지만 신나게 물놀이를 할 생각을 하니까 전혀 심심하지 않았다.

도착하자마자 나와 동생은 바닷가로 향했다. 바닷가에는 해수욕 하는 사람들로 넘쳐났다. 사람들은 모두 즐거운 얼굴로 웃고 있었다. 우리도 재미있는 물놀이를 하려고 구명조끼랑 튜브를 끼고 바닷속으로 들어갔다.

바다에서의 물놀이는 특히 재미있다. 왜냐하면 파도가 출렁거려서 놀이 기구를 타는 기분이 들기 때문이다. 엄마는 물속에서 오래 있지 말라고 했지만 나는 오래도록 신나게 놀았다.

물놀이를 한 후에는 모래사장에서 조개껍데기를 주웠다. 조개껍데기가 예뻐서 친구들에게 나눠주고 싶었다. 예쁘게 색칠을 해서 학교에 가져가야겠다.

뽐내기 단계
일기 하나 더

새로운 장소를 다녀오면 그곳에 가는 방법을 적을 수도 있어요. 또한 그곳이 내가 사는 곳과 어떻게 다른지, 비슷한 점은 무엇인지 비교해서 적어보는 것도 재미있는 여행 일기를 남기는 방법이랍니다.

날짜 : 12월 27일 금요일   날씨 : 눈 오다 그침

겨울 방학을 맞아 제주도로 여행을 다녀왔다. 제주도는 섬으로 이루어진 곳이라서 배를 타고 가거나 비행기로만 갈 수가 있다. 우리는 비행기를 이용해 제주도엘 갔다.

제주도는 우리 동네보다 훨씬 따뜻했다. 그래서 감귤 농사가 잘 되는 거라고 아빠가 말씀하셨다. 하지만 그 대신 주변이 바다라서 바람이 세다고 했다. 실제로 바닷가 근처에는 바람이 세서 날아갈 것만 같았다.

아빠가 또 하나 알려준 제주도의 특징은 집 모양이다. 제주도의 집들은 모두 낮고, 집 주변에 돌담을 쌓아둔다고 했다. 세찬 바람을 견뎌 집이 무너지지 않게 하기 위해서라고 한다. 그래서인지 제주도는 돌담으로 이루어진 낮은 집이 많았다.

이번 여행을 통해 주변 환경에 따라 집의 모양도 달라진다는 사실을 배울 수 있었다.

{반성 일기}를 썼어요

내일은 일기 검사날

시연이네와 언니는 한옥체험장에서 잠을 잤습니다.
"오늘은 어떤 이야기를 일기에 담아볼까?"
여행 다음 날, 신나게 놀고 있는 시연이에게 안내 언니가 말했습니다. 시연이는 안내 언니의 말이 귀에 들어오지 않았습니다.
"오늘은 그냥 넘어갈래요. 일기는 다음에 쓰면 되죠."
"그렇게 일기를 미루면 안 돼. 일기는 한번 밀리면 나중에 쓰기 더 힘들어지거든."
"괜찮아요. 한꺼번에 다 쓸 수 있어요."
언니의 표정이 어두워졌습니다. 하지만 시연이는 노는 일에 흠뻑 빠져 일기 쓰기는 신경을 쓰지 못했어요. 그날 이후 시연이의 일기장은 하루하루 비워졌습니다.
'아휴~ 귀찮아. 졸리는데 일기는 다음에 쓰면 되지.'
집에 돌아온 후에도 시연이는 일기 쓰기가 싫어졌어요.
그러던 어느 날, 선생님의 일기 검사 날이 코앞으로 다가왔습니다. 놀란 시연이는 텅 빈 일

기장을 보며 눈물이 핑 돌았습니다.

'이걸 언제 다 써…….'

일기장을 보니 한숨이 절로 나왔어요. 시무룩한 시연이는 며칠 전 안네 언니에게 심술을 부렸던 일이 떠올랐습니다.

'그때 언니의 말을 들을걸.'

여행 동안에 시연이는 일기를 쓰지 않았습니다. 재미있게 놀다 보니 일기를 쓰는 일이 귀찮아졌기 때문입니다. 시연이는 늦게까지 지난 일기를 써야 했어요.

다음 날, 안네 언니를 만난 시연이는 밤늦게까지 몰아서 일기 숙제한 이야기를 털어놓았습니다.

"일기를 미루면 습관이 돼. 다음에 잘 쓰고 싶어도 마음처럼 써지지 않거든."

"맞아요. 밀린 일기를 쓰려니 생각도 안 나고 힘들었어요."

시연이는 일기를 미루지 않겠다고 다짐했습니다.

"우선 반성 일기부터 쓰고 시작해야겠는걸."

언니의 말을 듣고 시연이가 머리를 긁적이며 멋쩍게 웃어 보였습니다.

배우기 단계

일기를 쓰기 전에

어떤 날은 실수하거나 잘못을 저지르기도 해요. 이런 날에 쓰는 것이 반성 일기입니다.

반성 일기는 잘못한 점을 인정하고 반성하면서 마음가짐을 바로 잡기 위해 쓰는 거예요. 일기를 쓰면서 솔직하게 자신의 행동을 돌아보고 다시는 같은 실수를 저지르지 않기 위해 각오와 다짐을 하게 됩니다.

반성 일기를 쓰는 것은 의미가 있어요. 사람들은 누구나 실수와 잘못을 저지르지만 반성을 하는 것은 쉬운 일이 아니에요. 잘못을 깨닫고 사과하는 일은 무척 용기 있는 행동입니다. 그래서 반성 일기를 쓰는 것은 자신의 마음을 올바르게 만들고, 착한 마음씨를 갖게 도와준답니다.

하루를 돌아보고 반성할 것이 있다면 일기를 통해 생각하는 시간을 가져보세요.

① 오늘 하루 중 실수하거나 잘못한 일을 생각해 보아요.
② 무엇을 잘못했는지 솔직히 써요.
③ 반성한 후 잘못을 고치기 위한 다짐도 함께 적어요.

익히기 단계
일기 하나

날짜 : 6월 17일 일요일   날씨 : 소나기
제목 : 엄마에게 거짓말을 했어요

낮에 엄마가 시장에 다녀오신다고 말씀하셨다. 엄마는 내게 텔레비전을 보지 말고 숙제를 먼저 끝내 놓으라고 했다. 하지만 나는 엄마의 말을 듣지 않았다.

숙제를 하려고 했는데 너무 하기 싫었다. 그래서 텔레비전을 켜고 내가 좋아하는 프로그램을 실컷 보았다.

한참 텔레비전을 보고 있는데 엄마에게서 전화가 왔다. 엄마는 숙제하고 있느냐고 물어보았다. 나는 숙제를 했다고 거짓말을 했다. 그러자 엄마는 잘했다고 칭찬하며 맛있는 저녁을 만들어주신다고 약속하셨다.

엄마의 칭찬을 들으니까 거짓말한 것이 들킬까 봐 겁이 났다. 그래서 텔레비전을 끄고 얼른 숙제를 마쳤다. 그러니까 마음이 다시 편안해져서 좋았다. 앞으로는 거짓말을 하지 말아야겠다고 다짐했다.

뽐내기 단계

일기 하나 더

반성 일기에서 가장 중요한 것은 잘못을 뉘우치는 마음이 담겨 있어야 해요. 앞으로 같은 잘못을 하지 않겠다는 다짐의 글로 정리한다면 진실한 반성 일기가 될 수 있답니다.

> 날짜 : 5월 30일 목요일   날씨 : 맑다가 흐림

쉬는 시간에 친구랑 말다툼을 했다. 왜냐하면 내가 친구의 공책에 낙서를 했기 때문이다. 친구는 공책이 더러워졌다며 화를 냈다. 하지만 나는 장난인데 왜 그렇게 크게 화를 내느냐며 친구에게 화를 냈다.

나도 기분이 계속 나빴다. 그래서 엄마에게 오늘 일을 이야기했다. 엄마는 나에게 "누가 네 물건을 함부로 쓰고, 사과도 하지 않으면 어때?"라고 물어보셨다. 그래서 나는 "기분이 나빠."라고 말했다. 엄마는 친구도 그래서 화가 난 거라고 말씀해주셨다.

엄마의 말을 들으니까 친구가 왜 화를 많이 낸 것인지 알 것 같다. 사실 나도 누가 내 공책에 낙서하면 싫어했을 것이다. 그런데 사과도 하지 않으면 더 얄미웠을 거다.

내일은 친구한테 가서 미안하다고 말해야겠다.

{ 칭찬 일기 }를 썼어요

"아이고, 온몸이 다 쑤시고 아프네."

멀리 출장을 다녀온 아빠에게 병이 났어요. 아빠가 아프신 것을 보니까 시연이의 마음도 좋지 않았습니다.

"시연아, 약국에 가서 파스 좀 사와!"

엄마가 시연이에게 심부름을 시켰어요. 아빠를 위한 일이라고 생각해서 후다닥 약국으로 달려갔습니다.

"어딜 그리 바삐 가?"

도깨비 같은 안네 언니가 나타났습니다.

"약국이요. 아빠가 지금 아프시거든요."

"음……. 그럴 땐 약보다 더 좋은 치료법이 있지!"

약보다 좋은 치료법이라는 말에 시연이는 가던 길을 멈추었어요. 궁금한 눈빛으로 언니를 바라봤습니다.

"그 치료법은 아빠를 기쁘게 해 드리는 거야. 마음이 즐거우면 몸도 금방 낫거든."

시연이는 진지한 표정으로 이야기를 들었습니다. 곰곰이 생각해보니 언니의 말이 맞는 것 같았어요. 시연이도 치과에서 이를 뽑을 때 재미난 만화를 보니까 덜 아픈 것 같았습니다.

"좋아요! 그렇게 할게요."

"그리고 오늘 한 일을 꼭 일기에 남겨둬."

언니의 말에 시연이도 무언가 결심을 한 듯 두 주먹을 불끈 쥐었습니다.

집으로 돌아온 시연이는 파스를 들고 아빠에게 천천히 다가갔습니다. 아빠의 모습이 보이자 두 팔을 쭉 뻗어서 꼭 안아드렸어요. 그런 다음 아빠에게 속삭였습니다.

"아빠, 아프지 마세요."

"아빠 아프다고 시연이가 안아주는 거야? 우리 딸 다 컸네!"

언니가 말한 치료법은 시연이의 마음이었어요. 아빠에 대한 사랑을 표현하는 것이었습니다.

"우와, 신기하다! 시연이가 안아주니까 아픈 게 싹 나았네. 시연이만 있으면 아빠는 아플 일이 없겠다."

　환하게 웃는 아빠를 보니까 시연이도 기뻤어요. 오늘은 아빠에게 받은 칭찬으로 일기를 가득 채워야겠다고 생각했습니다.

배우기 단계
일기를 쓰기 전에

칭찬은 어떤 선물보다 아름답고 감동적이에요. 칭찬을 받은 날에는 자신감이 넘치고 행복이 샘솟습니다. 이 기쁨을 영원히 간직하기 위해 칭찬 일기를 써보세요.

칭찬 일기는 말 그대로 착한 일을 하거나 내가 잘했다고 생각하는 일을 적는 일기에요. 예를 들어서 남을 도와주거나 어른을 공경한 일, 선생님의 말씀을 잘 들은 일, 숙제를 잘해간 일 등 보람되거나 뿌듯했던 일이 쓸거리가 됩니다. 칭찬 일기를 쓰면서 다시 한 번 자신을 칭찬해 보는 거예요.

칭찬 일기를 쓰다 보면 자신감도 커지고, 봉사의 즐거움도 배우게 됩니다. 그래서 남을 아끼고 도움을 주려는 행동을 자주 하게 돼요. 그러면 더욱더 주변 사람들에게 칭찬받는 횟수도 많아지고, 믿음직한 사람으로 인정받게 된답니다.

① 오늘 내가 잘했다고 생각한 일을 떠올려 보아요.
② 칭찬받은 이유와 칭찬받았을 때의 느낌을 적어요.
③ 더 잘하려는 마음가짐도 함께 써서 남겨요.

익히기 단계
일기 하나

날짜 : 11월 4일 화요일   날씨 : 추움
제목 : 엄마에게 칭찬을 받았어요!

동생이 블록 놀이를 한다고 방을 어지럽혔다. 블록이 쏟아져서 여기저기에 떨어졌다. 나는 떨어진 블록을 밟아서 발바닥이 엄청 아팠다.
하지만 동생에게 화를 내지 않고 꾹 참았다. 대신 쏟아진 블록을 잘 주워서 블록 상자에 담아두었다. 엄마가 잘 치웠다며 칭찬을 해주셨다. 엄마는 오늘 내가 동생과 잘 놀아주고 정리도 잘했다고 하셨다. 블록을 치울 때는 조금 짜증이 났는데 엄마의 칭찬을 들으니까 기분이 좋고 뿌듯했다.
그리고 동생에게 화내지 않길 잘했다고 생각했다. 다음에도 동생과 싸우지 않고 사이좋게 지내야겠다. 그래서 엄마의 칭찬을 더 많이 들어야겠다.

뽐내기 단계
일기 하나 더

칭찬 일기는 내가 꼭 칭찬을 받아야지만 쓰는 것이 아니에요. 내가 누군가를 칭찬해주고 싶을 때도 일기로 남길 수 있어요. 부모님께 감사한 점이나 친구에게 고마운 점을 적어 따뜻한 마음을 전달해보세요.

> 날짜 : 4월 27일 수요일   날씨 : 따뜻함

체육 시간에 선생님이 심부름으로 축구공을 가져오라고 하셨다. 나는 창고에 있던 축구공 4개를 양손에 들고 가져가려고 했다. 하지만 도중에 공이 자꾸 빠져나와서 하나가 떨어져 나갔다. 어쩔 수 없이 양손에 있던 축구공을 내려놓고 다시 안아 들었다. 그런데도 공이 자꾸 떨어져서 제대로 움직일 수가 없었다. 말을 안 듣는 공 때문에 심부름이 무척 힘이 들었다. 내가 낑낑거리며 공을 옮기자 누군가 축구공 2개를 받아주었다. 바로 희수였다. 희수는 멀리서 힘들어하는 나를 보고 달려와 주었다. 희수의 도움이 없었다면 공을 옮기는 시간이 2배는 더 느렸을 것이다. 희수가 도와주어서 편하고 빠르게 심부름을 할 수 있어서 고마웠다. "희수야, 고마워. 넌 정말 착한 친구야."

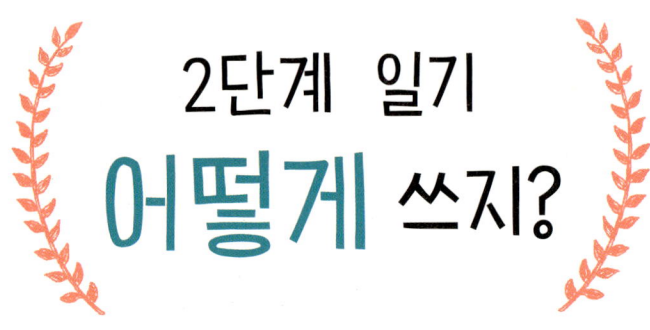

2단계 일기
어떻게 쓰지?

문학적 표현력 키우기

{일어난 일}을 중심으로 써요

문구점에서 시연이는 심각한 고민에 빠졌어요. 왜냐하면 채원이의 생일 선물을 골라야 했기 때문이에요. 옆에 있던 안네 언니는 연신 하품을 뿜어댔습니다.

"이제 좀 그만 고르자. 생일 선물이 다 거기서 거기지."

"아니거든요. 언니 시대에는 모르지만 지금은 친구에게 필요한 선물을 해줘야 해요."

기다리다 지친 언니가 바닥에 주저앉았습니다.

"그렇게 고를 거면 나를 왜 불렀느냐고?"

시연이는 황당한 표정을 지었습니다.

"어휴, 언니가 따라와 놓고선. 알았어요. 이걸로 할게요."

알록달록 반짝거리는 보석함이 시연이의 손에 들려있었어요. 마침내 언니는 시연이의 선택에 기뻐하며 폴짝폴짝 뛰었습니다.

"필통이구나! 필통은 언제나 필요하지."

"이건 보석함이거든요. 채원이가 핀과 방울을 모은단 말이에요. 그래서 보석함에 넣고 다니라고 준비한 거예요."

친구를 생각하는 마음이 담긴 선물이었어요. 언니는 조그마한 보석함을 요리조리 살펴보았습니다. 그런 다음 손을 얹어 주문처럼 무언가를 중얼중얼 외웠습니다.

"여기에 방금 네 마음을 담아두었어. 채원이는 이 보석함을 열 때마다 너를 생각하게 될 거야!"

시연이는 눈을 가느다랗게 뜨고 못 믿겠다는 표정을 지었습니다.

"에이! 엉터리. 당연히 제가 줬으니까 제 생각을 하겠죠."

"뭐, 믿거나 말거나. 어쨌거나 채원이는 좋겠네."

시연이는 선물을 받고 기뻐할 채원이의 얼굴을 떠올렸어요. 그리고 미소를 지으며 말했습니다.

"오늘은 생활 일기를 써볼게요. 이젠 저도 뭘 써야 할지 조금은 알 것 같거든요."

언니는 흐뭇한 표정으로 시연이를 향해 엄지손가락을 치켜 올렸습니다.

일기를 쓰기 전에

일기 쓰기를 어렵게 생각하지 말아요. 일기는 글짓기처럼 새로운 이야기를 만들어내는 것이 아니라 있었던 일을 사실대로 적는 거예요. 오늘 쓸 일기의 주제만 정하면 이미 채워진 거나 다름없어요.

일기의 주제는 내가 말하고자 하는 핵심 생각이나 제목과 같이 중요한 것을 말해요. 이 주제가 정해지면 주제를 중심으로 일기에 적고 싶은 일을 골라서 쓰면 됩니다. 의미 있거나 특별한 일, 기억나는 일을 자세히 쓰는 것이 좋아요.

예를 들어 심부름한 이야기를 쓴다면 누가 심부름을 시켰는지, 심부름의 내용은 무엇인지, 심부름을 다한 후의 기분을 글로 표현하면 훌륭한 일기가 됩니다.

이처럼 주제를 정해 일기 쓰기 연습을 하면 논리적인 글을 쓸 수 있어요. 또한 창의적 사고 능력도 함께 길러진답니다.

① 오늘 쓸 일기의 주제를 정해요.
② 이야기의 중심이 되는 단어로 제목을 붙여요.
③ 제목에 맞게 내용을 정리해요.

일기 하나

날짜 : 3월 18일 목요일   날씨 : 약간 바람
제목 : 신호등을 잘 지키자

수업이 끝나고 학교 앞 건널목 앞에 서 있었다. 친구랑 초록불로 바뀌길 기다리며 신호등을 쳐다보고 있었다. 그런데 건너편에서 어떤 아저씨가 빨간불인데도 길을 건너려고 움직였다.
잠시 후 갑자기 자동차가 '끼익'하는 소리를 내면서 아저씨 앞에서 멈췄다. 우리는 사고가 난 줄 알고 깜짝 놀랐다. 다행히 차가 멈춘 바람에 아저씨는 다치지 않았다.
하지만 많은 사람이 아저씨 때문에 인상을 찌푸렸다. 빨리 가려고 신호를 안 지키는 모습이 보기 좋지 않았다. 운전자 아저씨도 화가 났는지 신호를 잘 보라고 소리쳤다.
친구랑 나는 그것을 보면서 신호등을 잘 지켜야겠다고 생각했다. 신호를 안 지키면 교통사고가 날 수 있고, 질서가 흐트러지기 때문이다.

일기 하나 더

일기의 주제가 잘 드러나게 쓰려면, 처음부터 오늘 하고 싶은 말이 무엇인지 적어두는 것도 좋아요. 그러면 무엇을 써야 하는지 확실히 알고 주제에 맞게 생각을 옮길 수 있답니다.

날짜 : 11월 17일 금요일   날씨 : 흐림

학교 안에서 뛰어다니지 말아야 하는 이유를 적으려고 한다. 선생님은 항상 우리에게 학교에서 뛰어다니면 안 된다고 말씀하셨다. 그런데도 말썽꾸러기 친구들은 복도를 운동장처럼 뛰어다닌다. 그래서 앞에 있는 친구와 부딪혀서 같이 넘어지기도 한다. 오늘 나도 복도에서 걸어가고 있는데 옆 반 남자애가 달려와서 부딪혔다. 나는 그만 넘어지고 말았다. 아프고 창피해서 큰 소리로 울고 말았다. 친구들은 나를 보건실로 데려다주었다. 다리는 커다란 멍이 들어버렸다.

이번 일로 학교 안에서 뛰어다니지 말라는 이유를 알았다. 그것은 몸을 다치지 않게 하기 위해서이다. 뛰다가 넘어지면 자기도 다치고 다른 친구도 다치게 할 수 있다. 그러므로 학교에서는 함부로 뛰어다녀서는 안 된다.

{ 문장을 쓰는 연습 } 을 해요

"너희들 그 소문 들었어? 동네에 수상한 사람이 돌아다닌대!"

채원이의 생일 파티가 열린 날이었어요. 채원이는 심각한 표정으로 속삭이듯 이야기했습니다.

"그게 무슨 말이야?"

윤희가 두 눈을 동그랗게 뜨고 물었어요. 시연이도 귀를 쫑긋 세우고 이야기에 빠져들었습니다.

"엄마들이 이야기하는 걸 엿들었는데……."

아이들은 머리를 모으고 침을 꼴깍 삼켰습니다. 다들 채원이의 입에만 집중했습니다.

"어떤 사람이 아이들에게 접근해서 친해진 다음 납치를 해간대. 그래서 엄마도 나보고 낯선 사람이랑 절대 얘기하지 말라고 했어."

"윽, 무서워! 그 사람이 누군데?"

경미가 입술을 파르르 떨며 물었습니다.

"모르지. 그러니까 수상한 사람이지. 알면 벌써 잡혀갔을걸."

채원이의 말에 다들 고개를 끄덕였습니다. 친구들은 저마다 수상한 사람에 대해 추리하기 시작했습니다. 시연이도 문득 궁금한 것이 생겼습니다.

"그런데 어떻게 친해지려고 했대?"

"음, 글쎄……. 뭐 사주고, 얘기 들어주고, 자주 얼굴 보여주면서 친근하게 다가왔겠지. 자세한 건 나도 몰라."

갑자기 시연이는 오싹한 생각이 들었습니다. 왜 작가 언니의 얼굴이 떠올랐을까요? 처음 만났을 때부터 떡과 아이스크림을 주고, 고민을 들어주고, 일기 쓰는 법을 가르쳐 준 고마운 언니가 말이죠.

'설마…… 언니는 아니야! 수상한 사람이 자기 이름을 가르쳐 주겠어? 착한 언니를 두고 나쁜 생각을 하다니. 정시연, 너 오늘 반성 일기 좀 써야겠다.'

시연이는 고개를 흔들며 엉뚱한 생각을 날려 보냈습니다.

일기를 쓰기 전에

일기의 내용은 처음, 중간, 마무리로 나눠서 쓰면 편해요. 처음에는 이야기가 어떻게 시작됐는지 보여줍니다. 언제, 누구에게, 어떤 일이 벌어졌는지 알려줘야 해요. 예를 들어 일기의 첫 문장을 시작할 때는 '점심시간에 시연이가 국을 쏟았다.'처럼 사건이 정확히 드러나면 좋습니다.

중간에는 왜 그런 일이 벌어졌는지를 설명합니다. '현규가 뒤에서 미는 바람에 시연이의 발이 꼬여 넘어졌다. 그래서 시연이는 들고 있던 식판을 쏟고 말았다.'와 같이 사건의 이유나 원인을 자세히 적어요. 그리고 사건 이후의 상황도 전해주면 더욱 좋습니다.

마무리는 감정과 느낌으로 생각을 정리합니다. '이번 일을 보면서 교실에서는 함부로 장난을 치면 안 된다고 생각했다.'처럼 깨달은 점, 알게 된 것, 문제 해결 방법 등을 적습니다.

① 누구에게 무슨 일이 벌어졌는지 알려줘요.
② 그 사건이 일어나게 된 이유와 원인을 설명해요.
③ 사건 후에 어떤 문제가 있었는지, 어떤 마음의 변화가 생겼는지 정리해요.

일기 하나

날짜 : 6월 7일 토요일   날씨 : 햇빛
제목 : 자전거 연습을 했어요!

드디어 내가 두발 자전거를 타게 됐다.
얼마 전 아빠는 내 생일 선물로 자전거를 선물해주셨다. 아빠랑 나는 자전거 연습을 하기 위해 학교 운동장에 갔다.
아빠는 내가 넘어지지 않게 뒤에서 잘 붙들어주신다고 했다. 그리고 천천히 발을 떼고 페달을 굴리는 방법을 알려주셨다. 또 균형을 잘 잡고 손잡이를 조절하는 법도 알려주셨다. 아빠의 가르침을 받고 나는 서서히 자전거 타는 방법을 깨달아갔다.
그러다 갑자기 아빠의 박수 소리가 들렸다. 어느새 나 혼자 자전거를 타고 있었다. 그러다가 살짝 흔들려 넘어지게 되었다.
아프긴 했지만 혼자서 자전거를 타게 된 것이 놀랍고 신기해서 참을 수 있었다. 다음에 더 연습하면 자전거를 잘 탈 수 있을 것 같다.

일기 하나 더

글을 쓸 때 미리 칸마다 처음, 중간, 마무리를 표시하면 하고 싶은 이야기를 더욱 쉽게 정리할 수 있답니다. 한 줄씩 띄어서 구분해 써보세요.

날짜 : 1월 24일 수요일   날씨 : 눈

눈썰매장으로 눈썰매를 타러 간 날이다. 우리는 엄마랑 누나, 나 그리고 정현이네 가족과 함께 눈썰매장으로 향했다.

눈썰매를 타면 너무 신난다. 눈썰매가 미끄러지면 로켓이 날아가는 것처럼 빠르다. 그래서 내가 하늘로 올라가는 기분이 든다. 하지만 눈썰매가 내려오는 길이 너무 짧아서 아쉽다. 다시 또 눈썰매가 타려면 많이 걸어가야 하고, 줄을 서서 기다려야 한다.

눈썰매를 신나게 타니까 금방 배가 고파졌다. 우리는 라면도 사 먹고, 호빵도 사 먹었다. 배가 불러서 또다시 눈썰매를 타러 올라갔다. 종일 눈썰매장에서 재미있게 놀 수 있어서 좋았다.

일기 하나

날짜 : 5월 15일 수요일   날씨 : 바람
제목 : 오늘은 스승의 날

스승의 날은 선생님들을 위한 날이다. 선생님의 은혜를 잊지 않고 고마움을 표현하는 날이다. 그래서 우리 반은 오늘 선생님께 '스승의 은혜' 노래를 불러드렸다.
그런데 나는 스승의 은혜 노래를 다 외우지 못했다. 그래서 노래를 부르다가 살짝 실수하고 말았다.
하지만 선생님이랑 애들이 몰라서 그냥 넘어갔다. 얼마나 다행인지 모르겠다.
선생님께서는 노래를 들으면서 무척 기뻐하셨다.
스승의 날은 선생님도 좋고 우리도 좋은 날이니까 매일 이런 날이 있었으면 좋겠다. 선생님이 우리에게 화를 내지 않고 속상해하지 않으니까 나도 기분이 좋은 하루였다.

일기 하나 더

육하원칙으로 글을 쓸 때는 한 문장 안에 모두 들어가지 않아도 돼요. 누가, 언제, 무엇을 했는지를 먼저 쓴 다음, 왜 그것을 했고 어떤 일이 생겼는지, 다음 문장으로 나눠 정리하면 짧고 간결한 문장이 됩니다.

날짜 : 9월 4일 화요일   날씨 : 바람

형하고 공원에서 연을 날리기로 했다. 형은 바람이 잘 불어서 연이 멀리까지 날아갈 거라고 말했다.
공원에 도착해서 우리는 재빨리 연을 펼쳤다. 내가 연을 잡고 형이 달려서 하늘 위로 띄워보기로 했다. 그런데 처음에는 연이 빙글빙글 돌다가 떨어졌다. 우리는 다시 연을 날리려고 힘차게 뛰었다.
형은 몇 번을 더 열심히 달렸다. 그리고 마침내 연을 날리는 데 성공했다. 하늘 높이 날아간 연을 보고 형과 나는 소리를 질렀다. 정말로 연은 바람을 타고 훨훨 날았다.
그런데 갑자기 연이 끊어지고 말았다. 내가 속상해하자 형은 연이 더 높이 날아갔을 거라고 말했다. 나는 연이 떨어지지 말고 새처럼 오래오래 하늘을 날았으면 좋겠다고 생각했다.

일기 하나 더

육하원칙의 글은 보도문이나 기사문을 쓸 때 더욱 좋아요. 마치 내가 기자가 되어 오늘의 사건을 정리한다고 생각하면서 써 보는 것도 색다른 일기 쓰기의 방법이랍니다.

날짜 : 7월 4일 목요일   날씨 : 비가 많이 내림

목요일 오후 5시쯤에 나와 엄마는 장을 보러 갔다. 밖에는 장맛비가 내려서 걷는 게 무척 힘들었다. 왜냐하면 인도에 물웅덩이가 생겨서 잘못 밟으면 신발이 다 젖기 때문이다.
나는 조심히 물웅덩이를 피했다. 그러나 엄마가 한눈을 팔아서 오른쪽 신발이 물웅덩이에 빠지고 말았다. 엄마는 짜증을 내며 신발을 벗었다. 신발에 고인 물을 빼면서 장마철이 제일 나가기 싫다고 하셨다.
화가 난 엄마에게 나는 말을 시키지 않았다. 엄마는 화가 나면 괜히 나한테 뭐라고 하기 때문이다. 다행히 장을 보는 동안에 엄마의 화가 풀어졌다. 기분이 다시 좋아진 엄마는 저녁으로 햄버거를 사주셨다. 우리 엄마는 변덕쟁이이다.

{ 시간 순서 } 에 따라 정리해요

밤이 되자 시연이는 생각이 더욱 많아졌어요. 채원이의 생일 파티를 다녀온 후로 수상한 사람에 대한 이야기가 자꾸 떠올랐습니다.

"엄마, 혹시 수상한 사람에 대한 소문 들었어요?"

근심이 가득한 얼굴로 시연이가 물었습니다.

"낯선 사람이 아파트 주변에 나타난다는 거?"

"네. 그게 정말이에요?"

시연이의 얼굴빛이 그림자처럼 어두워졌어요. 작가 언니에 대한 의심이 점점 더 늘어났습니다.

"소문이 어디서 나왔는지는 모르겠지만 실제로 그런 일은 일어나지 않았어. 아마도 누군가 아이를 조심시키려고 한 말이었을 거야."

엄마의 말을 듣고 나서야 시연이는 안도의 한숨을 푹 내쉬었어요. 역시 괜한 의심을 가진 것으로 생각했습니다.

"하지만 그런 일이 없었다고 해서 그냥 넘어가면 안 돼. 낯선 사람과 함부로 대화하거나 따라가서는 안 된다!"

시연이는 가슴이 뜨끔했습니다. 그래도 언니만은 괜찮다고 생각했습니다.

'그래. 언니가 좀 엉뚱하고 괴상하지만 나쁜 사람은 아니야. 하지만 언니는 정말 어떤 사람일까?'

일기를 쓰면서도 시연이의 머릿속은 안네 언니에 대한 궁금증으로 가득 찼습니다. 마음 한편으로는 언니에 대한 고마움도 점점 커졌어요. 이제는 전처럼 일기를 쓰려고 많은 시간을 고민하지 않았습니다.

'일기를 한번 써볼까? 오늘은 특별한 일이 너무 많았어. 쓸거리가 많아도 걱정인걸.'

갑자기 시연이는 웃음

이 나오기 시작했습니다.

 '헤헤, 나도 윤희 같은 말을 하네. 앞으로 나도 일기 천재가 되고 말겠어!'

일기를 쓰기 전에

시간 순서에 따라 글을 쓰는 것은 기본적인 글쓰기 방법이에요. 무작정 일기를 쓰기보다는 시간의 흐름에 맞게 정리하는 것이 중요합니다.

만약에 시간 순서대로 쓰지 않게 되면 글이 뒤죽박죽되어서 무슨 내용인지 잘 알 수가 없게 돼요. 그래서 가장 먼저 일어난 일부터 차근차근 정리해서 적는 습관을 길러야 합니다.

시간의 흐름에 따라 정리할 때는 아침, 점심, 저녁으로도 하고, 오전과 오후로 나눠서 쓰는 방법도 있어요. 하지만 하루의 일을 다 쓸 필요는 없어요. 기억에 남는 한두 가지 일을 순서대로 정리하는 것이 좋은 방법입니다.

일기 쓰기 전 미리 기억에 남는 몇 가지 일들을 시간 흐름에 맞춰 적고 이에 맞춰 일기를 쓰는 연습을 해요.

① 아침, 점심, 저녁에 있었던 일을 떠올리고 기억에 남는 일을 하나씩 적어 봐요.
② 그중 하나의 소재를 선택해요.
③ 시간 흐름에 맞춰 차례대로 일기를 써요.

일기 하나

날짜: 10월 26일 수요일   날씨: 햇빛과 바람
제목: 꿈에 대해 발표했어요

국어 활동 시간에 선생님께서 자신의 꿈에 대해서 써보라고 했다. 그리고 각자 나와서 발표하는 시간을 가졌다.
제일 먼저 세영이가 꿈에 대해 이야기했다. 세영이는 그림을 잘 그리고 싶다고 말했다. 그림을 배워서 나중에 디자이너가 되는 것이 꿈이라고 했다.
다음은 현규가 발표할 차례였다. 그런데 현규가 글짓기를 다 못해서 경미에게 순서가 넘어갔다. 경미는 지금 발레를 배우고 있으므로 아름다운 발레리나가 되고 싶다고 말했다. 경미의 차례가 끝나서 내가 발표를 시작했다.
나의 꿈은 방송 피디가 되는 것이다. 재미있는 프로그램을 만들어서 사람들을 웃기고 싶기 때문이다. 선생님은 나의 꿈이 멋지다고 칭찬해주셨다.

일기 하나 더

일기를 쓰다 보면 쓸 내용이 많은 날도 있어요. 그 일을 전부 쓰고 싶은 날에는 가장 먼저 일어난 일의 순서부터 적고, 어느 시간에 무슨 일이 벌어졌는지 차례대로 써 내려 가면 정리가 잘 된답니다.

날짜 : 8월 12일 월요일   날씨 : 몹시 더움

아침부터 매미가 시끄럽게 울었다. 경비 아저씨는 매미 때문에 잠을 못 잤다며 화를 냈다. 그리고 나무를 흔들어서 매미를 쫓아 내려고 했다. 하지만 매미는 꿈쩍도 하지 않은 것 같다. 왜냐하면 더 크게 우는 소리가 들렸기 때문이다.

학교에서도 매미 소리가 들렸다. 눈에 보이지 않는데 다들 어디에 숨어서 소리를 내는지 궁금했다. 점심시간에 남자아이들이 매미를 잡겠다고 소란을 피웠다. 하지만 아무도 매미를 본 사람은 없었다.

체육 시간에 선생님은 매미가 짝짓기를 하려고 우는 것이라고 알려주셨다. 매미가 시끄러운 것은 짝짓기를 못한 매미가 많아서였기 때문이다. 얼른 매미가 짝짓기에 성공했으면 좋겠다.

하지만 아직도 많은 매미가 짝짓기를 못한 것 같다. 우리가 학교 끝나고 갈 때까지 시끄럽게 울었기 때문이다.

일기 하나

날짜 : 2월 18일 목요일   날씨 : 흐림
제목 : 친구가 축구를 하다가 다쳤어요

오늘은 체육 교실로 실내 축구를 하러 가는 날이다. 엄마는 무릎 보호 장비를 잘 챙기라며 계속 말했다. 실내 축구장은 푹신푹신해서 다칠 일이 없다. 그런데도 엄마는 무릎 보호 장비를 해야 한다고 했다.
그래서 나는 무릎 보호 장비를 챘다. 무릎 보호 장비를 끼면 움직임이 불편해서 하기 싫었다. 나는 무릎 보호 장비 때문에 짜증이 났지만 축구를 하니까 기분이 조금 풀렸다.
우리 팀은 열심히 골문으로 공을 찼다. 골을 넣을 기회에 친구가 힘차게 슛을 했다. 그런데 잘못 차는 바람에 친구는 공을 밟고 앞으로 넘어지고 말았다. 친구는 바로 병원으로 갔다.
나는 그 모습을 보면서 엄마 말대로 무릎 보호 장비를 하길 잘했다고 생각했다.

일기 하나 더

우리의 마음과 생각도 시간에 따라 달라지기도 해요. 처음에는 좋았던 것이 시간이 지나면 다르게 느껴질 때도 있잖아요. 이처럼 어떤 물건이나 사람에 대한 생각이 변해가는 과정을 적어도 좋답니다.

날짜 : 5월 3일 금요일   날씨 : 포근한 햇살

엄마가 어린이날 선물로 노란색 운동화를 사주었다. 그것은 아기들이 신는 신발 같아서 처음에 엄청 싫었다. 엄마에게 희색으로 바꿔 달라고 떼를 부렸다.
하지만 엄마는 희색 운동화가 내게 맞는 것이 없다고 했다. 그래서 나는 심통이 났지만 어쩔 수 없이 노란색 운동화를 신고 생일 파티를 하러 친구들을 만나러 갔다.
엄마랑 식당에 들어갔는데 먼저 온 친구들이 노란색 운동화가 병아리같이 예쁘다고 했다. 친구들의 말을 들으니 나도 노란색 운동화가 점점 다르게 보였다.
많은 아이가 희색 신발이라서 내 운동화가 특별하게 느껴졌다. 처음에 싫었던 신발이 이제는 좋아 보였다. 앞으로 노란색 운동화를 자주 신어야겠다고 마음먹었다.

{ 솔직한 감정 } 을 나타내요

　가을볕이 내리쬐는 하루입니다. 학원을 마치고 온 시연이는 집 근처 공원 의자에 앉아서 하늘을 바라보았습니다.
　"아! 구름 한 점 없이 맑네. 깨끗하다."
　한참 맑은 하늘을 관찰하던 시연이의 얼굴에 갑자기 검은 그림자가 드리우기 시작했습니다.
　"언니!"
　흠칫 놀란 시연은 자기도 모르게 안네 언니를 보며 큰 목소리가 터져 나왔어요. 그 바람에 언니도 화들짝 놀랐습니다.
　"힐, 내가 더 놀랐다! 멀리서 보고 반가워서 왔는데."
　"언니는 매번 소리도 없이 나타나요. 정말 놀랐잖아요."
　못마땅한 듯 시연이는 인상을 찌푸렸습니다.
　"미안, 미안. 헤헤."

어린아이처럼 웃는 언니를 보니 시연이는 마음이 무거워졌어요. 언니를 의심한 것이 미안하기도 했고, 아직 언니에게 풀지 못한 궁금증도 많았으니까요. 하지만 시연이의 말문이 좀처럼 떨어지지 않았습니다.

"오늘은 햇볕이 쨍쨍하고, 바람도 살랑살랑 적당해서 소풍 가기 좋은 날씨네."

뾰로통했던 시연이도 언니의 말에는 찬성했습니다.

"맞아요. 이렇게 멋진 날은 어디라도 놀러 가고 싶어요."

"음…… 그렇다면 소풍 대신 이 멋진 날을 오래도록 기억하게 일기에 적어 보자!"

"예? 역시 언니 이야기의 끝은 일기 얘기뿐이네요."

풍선같이 부풀었던 마음에

113

구멍이 뚫린 것처럼 기운이 쭉 빠져버렸습니다.

"그럼. 나는 너의 일기 안내자인걸."

시연이는 하늘처럼 맑은 언니의 얼굴을 보았어요. 정말 언니는 시연이의 일기 안내자일 뿐일까요? 언니의 얼굴에서 수상한 눈빛이 반짝이다 사라졌습니다.

일기를 쓰기 전에

일기 쓰기에서 가장 중요한 것은 '정직'이에요. 일기는 단순히 글을 쓰는 연습을 위해서 하는 것이 아닙니다. 일기를 쓰면서 자기 생각을 정리하고 스스로를 돌아보는 시간을 갖기 위해서예요. 그래서 일기장에 내 생각을 솔직하게 쓰는 것이 필요합니다.

우리 몸을 비추는 것이 거울이라면 일기는 우리 마음을 비추는 것이에요. 일기에 속마음과 비밀들을 솔직하게 털어놓을 수 있어야 합니다. 만약에 선생님에게 잘 보이려고 없었던 일을 일기로 쓴다거나 거짓으로 사실을 감춘다면 나의 마음도 가짜가 되는 거예요.

거짓으로 일기를 꾸미는 것은 남을 속이는 행동이잖아요. 그러면 점점 더 불편한 감정이 쌓이고 답답해질 것이 분명해요. 더군다나 거짓말도 늘어나게 된답니다. 그러므로 창피한 일도 부끄러운 생각도 일기에 솔직하게 쓰는 연습을 해보세요.

① 사실을 중심으로 있었던 일을 꾸밈없이 써보아요.
② 내가 느꼈던 마음과 생각을 솔직하게 적어요.
③ 일기에 거짓되거나 과장된 내용이 없는지 한 번 더 살펴봐요.

일기 하나

날짜 : 11월 9일 금요일   날씨 : 흐림
제목 : 교실 화분을 깼어요

교실에서 친구랑 장난을 치다가 화분을 깨뜨리고 말았다. 하지만 아무도 본 사람이 없었다. 그래서 친구랑 나는 화분을 깬 것을 비밀로 하기로 약속했다.

나중에 선생님이 "누가 화분을 깼냐?"고 물어보셨다. 친구들은 아무도 모른다고 말했다. 나는 들킬까 봐 가슴이 콩닥콩닥 뛰었다. 그래서 고개를 푹 숙이고 있었다.

그런데 갑자기 선생님께서 내 이름을 불렀다. 나는 깜짝 놀랐다. 선생님은 나보고 깨진 화분을 치우라고 하셨다. 그리고 내 머리를 쓰다듬고 가셨다.

나는 화분을 깨끗이 치웠다. 하지만 선생님께 거짓말을 해서 마음이 콩닥콩닥하고 죄송했다. 내일 선생님께 화분을 깼다고 솔직히 말해야 할까? 다시는 교실에서 장난을 치지 않겠다고 다짐했다.

일기 하나 더

솔직한 일기 쓰기를 하려면 스스로에게 질문을 던지고 그에 대해 대답을 해보는 것도 좋아요. '나는 그때 정말 즐거웠어?', '그 애가 얄밉고 싫지는 않았어?'처럼 질문을 하면 내 마음을 정확히 이해할 수 있답니다.

날짜 : 8월 12일 토요일   날씨 : 무척 더움

화정이네 가족이랑 우리 가족이랑 다 같이 워터파크에 놀러 갔다. 워터파크는 신나는 물놀이도 할 수 있고 재미난 놀이 기구도 탈 수 있어서 내가 좋아하는 곳이다. 그런데 오늘은 워터파크를 다녀와도 즐겁지가 않았다. 왜냐하면 화정이가 얄미웠기 때문이다.
엄마가 간식으로 핫도그를 사줬는데 화정이가 한입만 먹어보겠다고 했다. 하지만 나는 싫었다. 그런데 엄마가 화정이에게 핫도그를 주고 너는 김밥을 먹는 게 어떻겠냐고 물었다. 나는 당연히 싫다고 하려고 했지만 어쩔 수 없이 알겠다고 했다. 그다음부터 노는 게 재미없어졌다.
다른 사람들에게는 아무렇지 않은 척했지만 사실은 기분이 좋지 않았다. 자꾸 화정이가 얄미워서 화가 난다. 다음에는 절대로 화정이에게 맛있는 거를 주고 싶지 않다.

{ 재미있게 표현 } 해보아요

"시연아, 엄마가 안경을 어디 뒀는지 아니?"

엄마의 깜빡병이 다시 돋았습니다. 가끔 엄마는 물건을 어디 뒀는지 잊어버리곤 해요. 그래서 엄마가 출근하는 아침이면 시연이도 덩달아 바빠집니다.

"화장실 선반에서 봤어."

"그럼, 엄마 전화기는?"

"어휴. 엄마가 손에 들고 있잖아."

시연이는 한숨이 절로 나왔습니다. 엄마는 멋쩍게 웃어넘겼어요. 남동생을 어린이집에 데려다 놓고 출근하려면 엄마도 빨리 서둘러야했습니다.

"오늘 학교 끝나고 오면 학습지 다 해놓는 거 잊지 마!"

신기하게도 엄마는 시연이가 해놓아야 할 것들은 절대 잊지 않

았어요. 그런 엄마를 보면 언제나 신통방통했습니다.
"엄마들의 깜빡병은 우리 때문이야."
윤희는 제법 어른스러운 말투로 말했어요. 그러고는 아이처럼 사탕을 빨며 말을 이었습니다.
"엄마 말로는 우리가 배 속에 있을 때 영양분을 다 가져가서 그렇대. 그때 기억력도 함께 옮겨간 거지."
놀란 시연이의 눈썹이 산처럼 올라갔습니다.
"정말? 그럼 우리 엄마는 너네 엄마보다 기억력이 더 나쁘겠네. 동생도 낳았으니까."
"잘 모르지만 그래도 우리 엄마는 손에 든 물건을 찾지는 않아."
시연이와 윤희는 웃음이 터져 나왔습니다. 모든 엄마가 깜빡병이 있다는 것도 처음 알게 되었어요. 오늘 시연이는 엄마의 깜빡병에 대해 일기를 쓸 생각입니다.
"좋았어! 그동안 언니에게 배운 표현으로 재미난 일기를 쓸까?"
시연이는 키득키득 웃으며 즐겁게 일기를 써내려갔습니다.

일기를 쓰기 전에

내가 경험한 일은 재미있었는데 막상 일기를 쓰면 그렇지 않을 때가 있어요. 이런 경우에는 표현을 다양하게 써서 글에 숨결을 불어 넣어주면 돼요. 여러 가지 표현법을 쓰면 일기가 더욱 사실감 있어지고, 읽는 재미도 몇 배로 커진답니다.

그러면 다양한 표현법은 어떤 것들이 있을까요? 대표적인 것이 의성어와 의태어예요.

의성어는 소리를 재미나게 표현하는 말로 '빗방울이 후드득', '초인종이 띵동'처럼 글이 귀에 들리듯이 꾸며주는 말입니다. 의태어는 모양을 재미있게 표현한 말이에요. 예를 들어 '꼬리를 살랑살랑', '눈물이 뚝뚝'과 같이 눈으로 보이듯이 글을 꾸며줍니다.

① 의성어를 배워요 : 자동차가 부릉부릉, 고양이가 야옹, 강아지가 멍멍, 방울이 딸랑딸랑, 접시가 쨍그랑, 아빠가 하하, 엄마가 호호, 병아리가 삐악삐악, 배가 꼬르륵, 시계가 째깍째깍 등

② 의태어를 배워요 : 고양이가 살금살금, 아기가 아장아장, 포도가 대롱대롱, 나뭇잎이 울긋불긋, 새싹이 파릇파릇, 구름이 두둥실, 햇볕이 반짝반짝, 나비가 훨훨, 어깨가 덩실덩실, 열매가 주렁주렁 등

일기 하나

날짜 : 6월 18일 수요일   날씨 : 맑음
제목 : 수목원에 다녀왔어요

오늘은 개교기념일이라서 학교에 가지 않았다. 대신 햇볕이 반짝반짝 빛나는 날이라서 엄마가 수목원에 다녀오자고 했다.

수목원은 온통 푸릇푸릇한 나무들로 꽉 차 있었다. 또 예쁘고 다양한 꽃들이 알록달록 피어 있었다. 수목원의 나무와 꽃을 보니까 나도 기분이 좋았다.

내가 본 꽃 중에서도 제일 예쁜 건 솜사탕처럼 생긴 꽃이었다. 자세히 보니 작은 꽃들이 옹기종기 모여서 커다란 꽃다발처럼 보였다. 엄마는 그것을 수국이라고 말씀해주셨다.

수국에는 작은 벌들이 윙윙 날아다니면서 열심히 꿀을 가져갔다. 나도 수국을 하나 가져가고 싶었지만 꽃을 꺾으면 나쁜 짓이라서 그만뒀다.

예전에 선생님께서 자연은 우리 모두가 보호해야 할 재산이라고 말씀해주신 것이 생각났기 때문이다. 이곳은 수목원이라 여러 사람이 구경하고 놀러 오는 곳이기 때문에 함부로 꽃을 꺾으면 안 된다.

일기 하나 더

일기를 쓰면서 재미있는 표현을 쓸 대상을 정해보세요. 그리고 그 대상에 어울리는 의성어나 의태어를 찾아도 좋고, 나만의 표현법을 만들어서 적으면 표현력도 길러진답니다.

날짜 : 1월 21일 화요일   날씨 : 눈

친구들과 스케이트장에 놀러 갔다. 친구들은 스케이트를 배워서 다들 선수처럼 씽씽 달렸다. 하지만 나는 느릿느릿하게 움직였다. 그러니까 친구들이 거북이 같다고 놀려댔다.
스케이트가 지나갈 때 얼음 위에서 샤샤 소리가 나는 것이 좋았다. 샤샤 소리는 꼭 탄산음료를 열 때 나는 소리랑 비슷하다. 그래서 뭔가 마음마저 시원해지는 느낌이었다.
우리는 스케이트를 타고 뜨거운 어묵을 먹으러 갔다. 연기가 모락모락 피는 어묵 국물을 한 입 먹으니까 몸이 사르르 녹아내리는 것 같았다. 친구랑 나는 허겁지겁 후루룩 국물을 들이켰다.
그러니까 한 친구가 냉탕에서 온탕에 온 것 같다고 농담을 했다. 그 말에 우리는 전부 까르르 웃었다. 오늘은 정말 냉탕과 온탕을 다녀온 하루였다.

일기 하나

날짜 : 4월 20일 수요일   날씨 : 뭉게구름
제목 : 직업 체험을 했어요!

오늘은 직업 체험을 하는 곳에 다녀왔다. 그곳은 내가 하고 싶은 일을 해볼 수 있는 곳이다.

처음에 나는 경찰관이 되고 싶어서 경찰관 옷을 입었다. 멋진 경찰관 옷을 입으니까 용기가 불쑥불쑥 생기는 것 같았다. 그래서 나쁜 짓을 한 범인을 재빨리 잡을 수 있었다.

두 번째로 하늘을 나는 비행사를 체험했다. 비행기를 조종하는 것이 게임을 하는 것처럼 재미있었다. 커다란 비행기를 타고 하늘 위를 슝슝 날았다는 것이 정말 신난다.

하지만 내가 제일 좋아한 일은 의사가 되는 것이었다. 의사가 되어서 아픈 사람을 수술해주었다. 아픈 사람이 나은 것을 보니까 내 마음도 기뻤다.

그래서 나는 의사가 되기로 마음먹었다. 의사가 되어서 진짜 아픈 사람들의 병을 낫게 해주고 싶다.

일기 하나 더

표현을 잘하는 방법은 평소 주변의 물건을 주의 깊게 살펴보는 것이에요. 무언가를 자세히 살펴보면 그것이 움직이는 모양이나 재미난 소리를 발견할 수 있습니다.

날짜 : 8월 3일 화요일   날씨 : 더움

날씨가 더워서 선풍기 앞에 있었다. 선풍기에서 시원한 바람이 솔솔 불어와서 한참 동안 움직이지 않았다.
나는 선풍기가 뱅그르르 돌아가는 모습을 자세히 봤다. 그러니까 갑자기 꿀벌들이 생각났다. 왜냐하면 선풍기에서 나는 소리가 꿀벌이 윙윙거리며 날아가는 소리와 비슷하기 때문이다. 선풍기의 날개가 빠르게 움직이는 것도 꿀벌이 날개를 파다닥 움직이는 것 같아 보였다.
그래서 나는 엄마에게 선풍기에서 꿀벌 소리가 들린다고 말했다. 엄마는 내게 재미있는 생각을 했다며 웃으셨다. 나도 선풍기에서 새로운 소리를 들어서 신기했다.

{ 섬세하게 묘사 } 해보아요

거실 한가운데 시연이는 머리를 깊숙이 숙이고 앉아있었어요. 탁자 위에는 학습지가 어지럽게 펼쳐져 있었습니다.

'으윽, 언제 이렇게 밀린 거야! 학습지 선생님 올 때까지 끝마쳐야 하는데……'

시연이의 눈동자와 손이 재빠르게 움직였어요. 시간이 지날수록 초조함도 더해갔습니다.

"땡~동!"

초인종 소리에 화들짝 놀란 시연이는 온몸이 굳는 것 같았어요. 벌써 선생님이 찾아온 것은 아니겠죠? 시연이는 떨리는 손으로 문을 열었습니다.

"안녕! 오늘은 왜 놀이터에 안 나왔어?"

"하~ 다행이다. 학습지 선생님인 줄 알았네."

인터폰으로 보니 안네 언니였습니다. 시연이는 안도의 한숨을 쉬며 현관문을 열어주었습니다. 하지만 시연이는 언니와 이야기를 나눌 여유가 없었습니다.

"오늘은 밀린 학습지 풀이를 끝내야 해요. 조금 있으면 선생님이 오시거든요."

"그럼 너는 학습지를 풀어. 난 네 방을 좀 구경할게."

마음이 급한 시연이는 언니를 말릴 틈도 없었어요. 다시 열심히 학습지 풀이에 집중했습니다. 그런데 자꾸 졸음이 쏟아지는 것은 왜일까요? 연필을 잡고 있던 손이 힘없이 풀어집니다.

'이러면 안 되는데…… 이거 다 풀어야 하는…….'

어느새 시연이는 잠에 빠져들었어요. 그렇게 시간이 흐르고 초인종 소리가 시연이의 단잠을 깨웠습니다.

"앗! 어떡해!!"

학습지 선생님이 찾아왔습니다. 숙제를 다 끝내지 못한 시연이는 선생님께 꾸중을 들어야 했어요. 하지만 시연이는 아직도 꿈속인 것만 같았습니다.

'언니가 왔던 것 같은데? 잠든 사이에 갔나? 아니면 내가 꿈을 꿨나?'

조금 전 언니를 본 것이 꿈인지 실제인지 알쏭달쏭하기만 했습니다. 시연이가 이런 생각을 하는 사이에, 시연이 방 책꽂이의 《안네의 일기》 책에서 빛이 반짝였다 사라졌습니다.

일기를 쓰기 전에

재미있는 일기 쓰기의 또 하나 방법은 글의 내용을 섬세하게 묘사하는 거예요.

묘사는 사물이나 장면 등을 사진으로 보듯이 자세하게 설명해주는 것을 말해요. 예를 들어서 하늘 위의 구름을 표현한다면 '하늘에 솜털처럼 하얀 구름이 반달 모양으로 떠 있어서 너무 예뻤다.'처럼 자세히 표현해주면 글을 읽는 사람도 쉽게 이해할 수 있어요.

일기에 적는 날씨도 묘사를 해주면 더욱 좋아요. 단순하게 맑음, 흐림, 비, 눈, 바람 등으로 하기보다는 머릿속에 그림이 그려지듯이 나타낼 수 있답니다. 맑은 날은 '구름 없이 화창한 날', '햇살이 가득한 날', '태양이 이글이글 타오른 날' 등이 있고, 비가 오는 날은 '시원한 소나기', '살짝 내린 비'처럼 표현할 수 있어요. 이처럼 묘사를 잘하면 밋밋한 글도 생동감 있게 나타낼 수 있답니다.

① 눈에 띄는 사물이나 장면을 머릿속에 잘 떠올려 봐요.
② 묘사할 대상의 특징들을 적어 봐요.
③ 대상의 모습이 그려지도록 자세히 표현해요.

일기 하나

날짜 : 10월 17일 토요일   날씨 : 뭉게구름
제목 : 놀이공원에 소풍을 갔어요!

가을날 놀이공원으로 소풍을 갔다. 놀이공원에는 탈을 쓴 인형들이 돌아다니고, 신나는 노랫소리가 계속 울려 퍼졌다. 또 사람들이 많아서 인기가 많은 놀이기구에는 줄이 길었다. 그래서 나도 얼른 후룸라이드 줄에 섰다. 후룸라이드는 물살을 타고 훅 내려가는 놀이기구이다. 내려올 때 물이 튀어 얼굴을 적시는 것이 너무 재미있다.

다음에는 범퍼카를 타러 갔다. 범퍼카는 자동차 모양으로 생겼지만 천장에 전기랑 연결되어 있다. 차를 타면 핸들이 있고 발밑에 움직이게 하는 버튼이 있다. 이 버튼을 발로 누르면 차가 움직이고 핸들로 방향을 조절한다. 그래서 옆 사람이랑 막 부딪히면 정말 신난다.

이것 말고도 회전목마, 관람차, 청룡열차 등 종일 놀아도 다 못 탈 정도로 놀이 기구가 많았다. 계속 놀이공원에 있고 싶었지만 돌아가야 했다.

일기 하나 더

하나의 대상을 정해서 묘사하는 연습을 해보세요. 이때 대상에 맞는 의태어와 의성어도 함께 표현하면 글의 내용이 풍성해지고, 눈으로 직접 보듯이 사실적으로 나타낼 수 있답니다.

날짜 : 5월 10일 목요일   날씨 : 포근한 봄 햇살

새로 태어난 아기를 만나러 병원에 갔다. 외숙모는 갓난아기를 안고 우리에게 보여주셨다.
아기는 내 팔 길이보다 작고 얼굴은 주먹만 했다. 구깃구깃한 얼굴이 꼭 할아버지처럼 주름져있었다.
엄마는 아기가 배 속에서 오래 있다가 나와서 그렇다고 했다. 외숙모는 조금 시간이 지나면 얼굴이 펴질 거라고 말씀하셨다. 얼굴이 주름져도 입을 오물오물 거리면서 손을 꼼지락거리는 게 너무 귀여웠다.
갑자기 조카가 "응애응애" 하며 얼굴을 찡그리고 울었다. 입을 크게 벌리고 우는데 입 안에 이가 나지 않았다. 울다가 혀를 날름 내미는 것이 배가 고파 보였다.
그래서 엄마는 이만 돌아가자고 했다. 나는 아기를 더 보고 싶었지만 아쉬웠다.

3단계 일기
잘 쓰려면
어떻게 하지?

남과 다른 글쓰기

{ 계획 일기 }를 썼어요

"밀린 학습지를 다 풀 때까지는 밖에 나가는 것 금지야!"

화가 단단히 난 엄마는 시연이에게 끔찍한 벌을 내렸어요. 학원 빼고는 어디에도 나갈 수 없었습니다.

"하~ 그때 왜 졸아서……."

시연이는 자신이 원망스러웠어요.

"그러게 미리 계획 일기를 써서 학습 시간을 정하고 실천했어야지."

엘리베이터 안에서 만난 안네 언니가 또다시 시연이를 꾸짖었어요. 시연이는 왠지 억울하게 느껴졌습니다.

"이게 다 언니 때문이에요! 언니가 나타나는 바람에 집중력이 흐트러져서 그만 졸았잖아요."

"내가 언제?"

언니는 아무것도 모르는 얼굴로 되물었어요. 그제야 시연이는 자신이 꿈을 꾼 것이라고 확신했습니다. 그것은 진짜와 같이 생생한 꿈이었습니다.

문득 시연이는 언니에 대해 아는 것이 별로 없다는 것을 깨달았어요. 시연이는 단호한 얼굴로 물었습니다.

"오늘은 언니네 집에 가서 공부하고 싶어요. 언니 말대로 계획도 세우고요."

갑자기 언니의 눈동자가 이리저리 흔들렸어요. 얼굴빛은 노랗게 변해서 당황한 기색이 역력했습니다.

"어, 우리 집? 지금은 안 돼! 책으로 뒤덮여서 들어올 수가 없거든."

"그럼 나중에 놀러 가게 호수만 얘기해주세요!"

언니는 역시 우물쭈물하기 시작했어요. 그리고는 모깃소리만큼 조그맣게 이야기했습니다.

"C808-삼53."

"우리 아파트에 그런 호수가 있어요?"

시연이가 처음 듣는 숫자였습니다. 그런데 이런 숫자와 비슷한 것들을 어디서 본 것 같기도 했어요. 시연이는 고개를 갸웃거렸습니다.

"아무튼 꼭 계획 일기를 써서 다시는 학습지 밀리지 마!"

언니가 재빨리 엘리베이터에서 내리며 말했어요. 시연이는 학습지 때문에 다시 머리가 지끈지끈 아파왔습니다.

일기를 쓰기 전에

방학을 시작할 때 생활 계획표를 만들어본 경험이 있을 거예요. 계획 일기는 생활 계획표를 만드는 것과 비슷해요. 하루 동안 해야 할 일들을 시간표에 맞춰 정해 놓습니다. 그리고 이를 성실히 지키려고 일기에 쓰는 것입니다.

계획 일기는 약속 일기와도 같아요. 내가 만든 하루 계획표를 잘 지키겠다는 다짐이 함께 있어야 합니다. 그래서 계획 일기를 쓸 때는 노력하면 지킬 수 있는 정도로 작성하는 것이 좋습니다.

예를 들어 아침 9시부터 오후 2시까지 수업을 하고, 2시부터 5시까지 복습 시간을 가진다고 약속을 정해보세요. 그럼 계획을 매일 지킬 수 있을까요? 학교 수업이 끝나고 바로 또 공부를 한다는 것은 힘든 일이에요. 적당히 휴식하고, 학원 다녀오는 시간도 계산해서 계획 일기를 쓰는 것이 바람직하답니다.

① 하루 동안 내가 해야 할 일들을 확인해요.
② 무엇을 언제 할지 순서대로 시간을 정해요.
③ 계획된 내용을 일기에 옮기고 실천해요.

일기 하나

날짜 : 12월 23일 월요일   날씨 : 추움
제목 : 생활 계획표를 세웠어요!

방학이 시작되어서 생활 계획표를 작성했다. 방학 동안에 지켜야 할 것들이 많은데 우선 중요한 것부터 썼다.

아침에 9시에 일어나서 10까지 아침을 먹고 씻는다. 11시에 영어 학원을 가야 하므로 미리미리 준비를 해둬야 한다. 그리고 집에 와서 점심을 먹은 다음에 2시까지 쉬는 시간을 가져야 한다. 왜냐하면 다음에는 또 수학 학원을 다녀와야 해서이다. 공부를 많이 하면 머리가 아프므로 1시간씩 쉬어줘야 한다.

4시에 집에 오면 텔레비전을 볼 수 있다. 한 시간 동안 텔레비전을 본 다음에 5시에는 학습지 선생님이랑 공부하고, 8시까지 쉬기로 했다. 이때는 아빠랑 엄마도 퇴근해서 가족들이 모두 모이는 시간이다.

그리고 일기를 쓰고 9시에 잠자리에 든다. 9시까지 잠이 올지 모르겠지만 생활 계획표를 지키도록 노력해야겠다.

일기 하나 더

계획은 자신과의 약속이에요. 하루를 짜임새 있게 계획하고 실천하면 규칙적인 생활을 할 수 있고, 자립심도 길러집니다. 일기장에 다짐과 각오를 함께 적어서 꾸준히 실천할 수 있게 스스로 용기를 주세요.

날짜 : 3월 15일 수요일   날씨 : 조금 추운 날

새 학기를 맞아 하루 계획을 정리해 보았다. 나는 오전 9시부터 오후 2시까지 학교, 3시에서 4시까지는 학원을 갔다가 집에 돌아온다. 4시 30분부터는 씻고 간식을 먹는 시간이다. 간식 후에는 잠깐 쉬고 숙제를 시작한다. 숙제가 끝나는 시간이 언제인지 몰라서 7시에 저녁을 먹을 때까지 시간을 비웠다. 숙제를 끝나면 자유 시간이다.
저녁을 먹은 다음에는 텔레비전을 보면서 쉰다. 그리고 8시에 일기를 쓰고, 다음날 학교에 갈 가방과 준비물을 챙긴다. 그런 다음 9시 30분에 잠자리에 들면 나의 하루 시간표가 끝이다.
이번에는 계획대로 실천하기로 엄마와 약속했다. 혼자 마음속으로 정하면 마음이 바뀔 것 같아서이다. 만약 내가 잘 지키면 원피스를 사주신다고 했으니까 반드시 지킬 것이다.

{동시 일기}를 썼어요

아침 공기가 선선한 가을날입니다. 벌써 주변 나뭇잎들이 알록달록한 옷으로 갈아입었어요. 시연이는 아기 손 같은 단풍 나뭇잎을 주워 먼지를 털었습니다.

"그걸로 뭐하게?"

하굣길에 윤희가 물었습니다.

"책갈피 하려고. 그러면 가을이 내 책 속에 담겨 있는 것 같거든."

"우와! 너 방금 시인 같았어. 요즘 네가 나보다 글도 더 잘 쓰는 것 같더라."

윤희는 함박웃음을 지었습니다. 시연이도 윤희의 칭찬에 어깨가 으쓱해졌습니다.

"이게 다 안네 언니 덕분이지."

"안네 언니? 그 사람이 누군데?"

잠시 시연이는 이상한 언니에 대해 털어놓고 싶어졌어요. 하지만 처음 했던 약속대로 비밀을 간직하기로 했습니다.

"뭐, 그런 사람이 있어."

시연이가 코를 찡끗거렸어요. 그러자 윤희가 알겠다는 듯 넘어가며 말했습니다.

"아무튼 이름이 안네라서 재미있긴 하다."

둘은 커다란 갈림길에서 헤어졌습니다. 시연이는 혼자 집 근처 도서관으로 향했어요. 도서관에서 무언가 고민하는 언니를 보았습니다.

"쉿! 아무 말도 하지 마. 지금 나는 창작 의욕이 불타고 있으니까."

언니는 시연이가 말하기도 전에 먼저 입을 열었습니다. 시연이는 어이없는 표정으로 자리에 앉았습니다.

"가을날에 글을 쓰지 않으면 언제 쓰겠어? 이런 때는 감성적인 시를 써야 해."

마침내 작가다운 모습을 처음 보여주는 언니였어요. 그런 언니가 더 어색한 건 왜일까요? 시연이는 그만 "크크" 웃음이 새어 나

왔습니다.

"너도 웃지 말고 옆에서 동시 일기를 쓰렴. 그게 오늘 배울 일기야."

시연이도 주섬주섬 일기장을 꺼냈습니다. 어느새 두 사람은 진지하게 글을 쓰는데 빠져들었습니다.

일기를 쓰기 전에

동시란 내 생각이나 느낌을 운율에 맞춰 쓰는 것이에요. 보고 느낀 것, 경험한 일, 떠오른 생각을 동시로 표현한 것이 동시 일기입니다. 동시 일기를 쓸 때는 한 가지 주제를 가지고 써야 해요. 주제에 대해 혼자만의 독특한 생각과 느낌을 간결하게 표현하는 것이 좋습니다. 예를 들어 '밤사이 눈이 펑펑 내려서 지붕 위에 소복이 쌓였다.'와 같이 긴 글을 '세상을 하얀 도화지로 만든 눈'으로 짧게 다듬어서 표현할 수 있답니다.

다양한 표현법을 활용하면 더 아름다운 동시를 쓸 수 있어요. '~처럼'이나 '~같이'를 붙여서 '아기 손 같은 단풍잎', '옥구슬처럼 맺힌 이슬'과 같이 다른 것과 빗대어 표현해 보세요. 이런 방법은 글의 리듬감을 살려 이해하기 쉽고 재미있는 동시를 완성시켜 준답니다.

① 쓰고 싶은 글감을 찾아서 관찰해요.
② 글감에 대한 생각과 느낌을 리듬감 있게 표현해요.
③ 노랫가락처럼 짧게 동시를 지어요.

일기 하나

날짜 : 2월 5일 금요일   날씨 : 비, 천둥
제목 : 방귀 합창단

하늘의 방귀 소리는
우르르 쾅쾅

우리 아빠 방귀 소리는
부룩부룩

우리 엄마 방귀 소리는
뽀오옹

내 방귀 소리는
뿡뿡

우리는 방귀 합창단

일기 하나 더

동시로 무엇을 말하고 싶은지 충분히 생각해야 해요. 쉬운 낱말을 선택해서 리듬감 있게 글을 쓴다면 아름다운 우리말과 표현력을 기를 수 있답니다.

날짜 : 9월 7일 화요일   날씨 : 구름이 기어 다니는 하늘
제목 : 단풍잎

울긋불긋 단풍잎
언제 물이 들었나

옆집 아기 아장아장
나들이 나올 때

푸릇푸릇 단풍잎
악수할 때 물들었네

{ 뉴스 일기 }를 썼어요

"이거 큰일인걸. 빨리 어머님께 연락드려요!"

뉴스를 보며 아빠는 심각한 표정으로 말했어요. 엄마도 어두운 얼굴로 수화기를 들었습니다.

뉴스 화면에는 갑작스러운 태풍으로 거리가 물에 잠긴 모습이 비쳤습니다. 그곳은 외할머니 댁이 있는 곳이었어요. 시연이도 외할머니네 집이 물에 잠겼을까 봐 걱정되었습니다.

"비는 많이 왔는데 그곳은 피해가 없으시대."

한참 통화한 후에 엄마는 깊은 한숨을 내쉬었어요. 다행히 외할머니 댁은 아무런 일도 일어나지 않았습니다.

다음날 시연이는 안네 언니를 만났어요. 두 사람은 어제 뉴스에서 본 태풍에 대해 이야기를 나누었습니다.

"나도 그 뉴스를 봤어. 하늘에서 구멍이 난 것처럼 비가 오더라."

"그래서 거리가 온통 비에 잠겨있었어요. 집에도 물이 들어왔대요."

지난 밤의 일이 떠올랐습니다. 시연이네 가족도 외할머니를 걱정하느라 뉴스에서 눈을 뗄 수 없었으니까요.

"외할머니네 집이 물에 잠기지 않아서 정말 다행이었어요."

"가족들이 걱정이 많았겠다."

언니는 시연이의 놀란 마음을 어루만져주었어요. 그리고 다시 말을 이었습니다.

"어려운 일을 겪은 사람들에게 관심을 가져야 해. 우리는 하나의 공동체이니까."

언니의 말이 시연이의 마음을 콕콕 찔렀어요. 앞으로는 주변에 더 많은 관심을 기울여야겠다고 마음먹었습니다.

"그러면 오늘은 뉴스 일기를 쓰렴. 내 주변이나 우리 사회에서 생긴 중요한 사건을 일기에 남기는 거야."

그것은 시연이도 쓰려고 했던 주제였어요. 시연이는 한 자, 한 자, 정성을 들여 일기장에 태풍에 관한 이야기를 적었습니다.

일기를 쓰기 전에

주변에서 일어난 사건을 보거나 듣고 기사문처럼 일기에 적는 것이 뉴스 일기예요.

뉴스 일기의 소재는 다양해요. 뉴스나 신문에서 본 것을 써도 되고 학교, 학원, 가족 등 주변에서 일어난 일과 관심사 등이 쓸거리가 되기도 합니다. 흥미로운 이야깃거리를 발견하면 그것에 대한 내용과 생각을 적어 내려가는 것이 뉴스 일기를 쓰는 방법이랍니다.

뉴스 일기를 쓰면 세상을 보는 눈이 넓어지고 생각하는 힘과 판단력이 길러져요. 우리나라 세계 곳곳에서 어떤 일이 벌어지는지 알 수 있고, 왜 그런 일이 일어나게 됐는지 이해하는 시간을 가지기 때문입니다.

어른들에게 궁금한 점도 물어보며 뉴스 일기를 쓰는 습관을 길러보도록 해요.

① 뉴스나 신문기사, 혹은 주변에서 일어난 사건을 하나 골라요.
② 이야깃거리에 대한 내용을 이해한 후, 그 내용을 정리해서 적어요.
③ 그 사건에 대한 내 생각도 함께 써요.

일기 하나

날짜: 8월 3일 화요일   날씨: 엄청 더움
제목: 양궁에서 금메달을 땄어요!

브라질 리우에서 한국 여자 양궁 대표팀이 단체전 금메달을 땄다. 한국팀이 금메달을 따서 나는 너무 기뻤다. 그런데 경기를 하는 모습을 보지 못했다. 왜냐하면 경기 시간이 너무 늦어서 잠을 자야 했기 때문이다. 엄마에게 얘기를 듣기만 해서 아쉬웠다. 우리나라 양궁 대표팀은 정말 최고인 것 같다. 경기 때마다 꼭 금메달을 따서 모두를 기쁘게 해주기 때문이다. 양궁을 쏘는 모습을 보니까 힘들어 보이는데 어떻게 멀리 있는 과녁까지 맞히는지 정말 신기하다. 다들 눈이 엄청 좋은 것 같다.
나중에 대표팀을 만나서 사인을 받고, 양궁도 배우고 싶다. 남은 경기도 이겨서 금메달을 더 많이 땄으면 좋겠다.

일기 하나

날짜: 3월 3일 화요일   날씨: 맑음
제목: 신문에 정보가 가득해요

아빠가 신문을 보시더니 인천에 있는 차이나타운이 '한국관광 100선'에 선정되었다고 말씀하셨다. 내가 한국관광 100선이 무엇인지를 여쭈었더니 정부에서 국민이 여행 가기 좋은 곳을 선정해서 발표하는 것이라고 하셨다.

나도 아빠와 함께 신문을 읽었다. 서울은 북촌한옥마을을 비롯하여 11곳, 인천은 차이나타운을 비롯하여 2곳, 경기도는 수원화성을 비롯하여 11곳이 뽑혔다고 했다.

아빠는 앞으로는 신문 기사에 소개한 여행지들을 골라서 가족여행을 가자고 하셨다. 엄마와 나는 그 말에 무척 기뻤다.

일기 하나 더

신문이나 뉴스 기사는 여러 가지 문장으로 이루어져 있어요. 기사를 읽고 새로 알게 된 사실을 일기에 써도 좋고, 기사의 문장을 옮겨 적으며 글쓰기 실력을 쌓는 것도 도움이 된답니다.

날짜 : 10월 18일 목요일   날씨 : 흐림

신문에서 감동적인 이야기를 읽었다. 그것은 점심 도시락을 2개씩 싸가는 소년의 기사였다.

소년은 미국에 사는 초등학생 딜런이다. 딜런은 엄마에게 매일 도시락을 2개씩 부탁했다. 왜냐하면 친구가 돈이 없어서 점심을 먹지 못했기 때문이다. 그 사실을 알고 딜런이 엄마에게 부탁을 한 것이다.

딜런의 엄마도 딜런의 착한 마음씨를 알고 어려운 사람을 도와주기로 했다. 그래서 딜런과 도시락을 함께 나눠 먹은 친구 엄마와 힘을 합쳐 모금을 시작했다. 많은 사람은 딜런의 이야기에 감동해서 돈을 보내주었다. 이렇게 모은 돈은 학교에서 점심을 먹지 못하는 아이들에게 쓰기로 했다.

딜런은 마음이 참 착한 아이인 것 같다. 나도 주변에 어려운 친구가 있으면 딜런처럼 도와주어야겠다.

{인물 일기}를 썼어요

'우당탕탕탕.'

누군가 요란스럽게 교실 문을 열고 뛰어들었어요. 장난꾸러기 철민이에게 뭔가 다급한 일이 생긴 것 같았습니다.

"야! 다들 창밖을 봐봐! 우리 학교에 가수가 왔어."

친구들은 모두 놀란 토끼 눈을 하고 창문으로 몰려들었어요. 진짜로 방송국 카메라와 함께 유명한 아이돌 가수가 나타났습니다.

"캬! 나 저 가수 완전 팬이야!"

채원이는 고함을 지르며 어쩔 줄 몰라 했습니다. 학교 전체는 스타의 등장에 한껏 들떠있었어요. 하지만 시연이를 놀라게 한 건 따로 있었습니다. 안네 언니가 운동장 한가운데 서서 손을 흔들고 있었으니까요.

"어! 언니가 웬일이지?"

"시연아, 저 가수는 남자야. 하긴 여자보다 더 예쁘게 생기긴 했지."

경미는 시연이가 착각하는 거라고 생각했습니다.

"가수 말고 저기 운동장에 서 있는 언니!"

"누구? 아무도 안 보이는데."

유명 가수가 왔으니 친구들에게는 언니가 눈에 띌 리가 없었습니다. 자신의 모교를 방문한 스타를 보러 친구들은 교실을 나갔어요. 시연이는 언니를 찾아 밖으로 나왔습니다.

"와! 저 사람은 뭔데 애들이 저리 좋아해?"

언니도 신기한 듯 가수와 아이들을 구경했습니다.

"유명한 가수를 몰라요? 언니는 딴 나라 사람 같네요. 참, 학교는 웬일이에요?"

"그냥. 학교란 곳이 어떤지 궁금해서 찾아왔어."

시연이는 언니를 의심의 눈초리로 쳐다봤어요. 이제는 언니가 평범한 사람 같지는 않아 보였습니다.

"오늘은 가수에 대해 인물 일기를 써줘. 저 사람이 어떤 사람인지 내게 꼭 알려줘!"

시연이는 오히려 언니에 대한 인물 일기를 쓰고 싶었어요. 그리고 마음속으로 언니의 진짜 모습을 생각해봤습니다.

'언니는 내 스토커?'

일기를 쓰기 전에

인물 일기란 누군가를 소개하고 싶을 때 쓰는 일기에요. 소개하고 싶은 사람이 자기 자신이어도 좋고 가족, 친구, 선생님 등 주변의 사람이라면 누구나 가능해요. 또한 역사 속의 위인이나 만나고 싶은 우상이어도 좋답니다.

인물 소개를 할 때에는 그 사람에 대해 알려주고 싶은 점, 특징, 생김새, 성격, 하는 일 등을 아는 대로 차근차근 설명하면 돼요. 그리고 내가 왜 그 사람을 알리고 싶은지도 씁니다.

소개하는 인물을 잘 설명하려면 평소 그 사람에 대해 관심을 가지고 관찰하는 자세가 중요해요. 소개 인물과 가까워지려고 노력하고, 함께 시간을 보내고, 다양한 곳에서 정보를 얻는 것도 필요하답니다.

① 내가 소개하고 싶은 사람을 정해요.
② 소개할 인물의 얼굴, 키, 모습, 성격 등 알려주고 싶은 점을 설명해요.
③ 그 사람의 어떤 점이 좋은지도 써요.

일기 하나

날짜 : 11월 20일 월요일   날씨 : 바람
제목 : 친절한 경비 아저씨

우리 아파트에는 문 앞을 지키는 경비 아저씨가 있다. 경비 아저씨는 조그마한 사무실에서 계시다가 사람들이 있으면 밖에 나오신다. 그리고 사람들을 향해 밝게 인사를 해주신다.
경비 아저씨는 매일 나에게도 웃으며 인사해주신다. 학교에 갈 때도 잘 갔다 오라고 말씀해주시고, 집에 올 때도 학교에서 공부는 잘했냐고 물어보신다.
경비 아저씨는 아빠보다 나이가 많다. 왜냐하면 전에 아빠가 경비 아저씨에게 존댓말을 하는 걸 들었기 때문이다. 그리고 경비 아저씨는 매일 같은 옷을 입고 계시는데 그게 꼭 경찰관 옷처럼 생겼다. 비슷한 모자도 쓰고 계셔서 멋져 보인다.
나는 경비 아저씨가 아파트를 지켜주셔서 안심하고 잠을 잘 수 있다.

일기 하나 더

누군가를 소개할 때는 기본적인 정보를 사람들에게 알려주는 게 좋아요. 나와 어떤 관계가 있는지, 생김새나 성격, 하는 일은 무엇인지, 그 사람에 대한 내 느낌을 함께 쓰면 좋은 소개 일기가 됩니다.

날짜 : 3월 2일 목요일   날씨 : 맑음

멋진 우리 아빠를 소개하고 싶다. 왜냐하면 오늘 아빠의 생신이기 때문이다.
아빠는 환경 기사로 일을 하고 계신다. 환경 기사는 물이나 공기가 오염됐는지 검사하는 사람이다. 아빠는 여러 공장이나 호수, 강가에서 물을 모아서 검사하신다. 그래서 지저분한 곳이 있으면 알려줘서 깨끗하게 만들도록 하는 것이다.
아빠는 아침 일찍 회사에 나가시고 늦게 들어오신다. 아빠의 얼굴은 주말이 되어야 제대로 볼 수 있다. 아빠가 집에 들어오시는 시간에는 내가 자고 있기 때문이다. 나는 매일 아빠랑 놀고 싶은데 그럴 수 없어서 조금 슬프다.
하지만 주말에는 나랑 야구 놀이도 하고 야구장에 가기도 한다. 매일 아빠 얼굴을 못 보지만 나는 아빠가 좋다.

{관람 일기}를 썼어요

영화관에는 수많은 사람으로 북적거렸습니다. 시연이와 친구들은 엄마들과 함께 영화를 보러왔어요. 엄마들은 엄마들끼리, 아이들은 아이들끼리 저마다 수다를 떠느라 시끌시끌했습니다.

"이 영화에 우리 학교에 왔던 가수도 나온대."

채원이는 친구들에게 영화에 대해 설명을 해주었습니다.

"어린이 명탐정이 유명한 가수를 괴롭히는 범인을 찾는 영화야."

채원이의 말에 시연이는 귀가 쫑긋해졌습니다.

"그럼 스토커 내용이야?"

"그렇지. 나쁜 사람이 가수를 쫓아다니는 거니까."

갑자기 시연이는 영화의 내용에 관심이 가기 시작했어요. 하지만 경미와 윤희는 다른 것에 더 호기심이 많아 보였습니다.

"영화를 만드는 건 정말 멋진 일인 것 같아! 사람들이 무척 좋아하잖아."

영화를 보러 온 사람들을 둘러보느라 윤희의 눈이 바빴습니다. 윤희는 재미난 이야기를 만드는 영화감독이 되는 것이 꿈이었어요. 그래서 영화를 만드는 방법을 배우고 싶어 했습니다.

"나는 영화를 만드는 것보다 배우가 돼서 연기하는 게 더 좋을 것 같아!"

경미의 꿈은 영화배우였어요. 네 명의 친구는 각기 다른 이유로 영화를 흥미롭게 관람했습니다.

영화가 끝나고 친구들은 오늘 일기로 영화에 대해 쓰기로 약속했습니다. 그리고는 각자 집으로 행했어요. 모두 만족스러운 표

정이었지만 시연이만 조금 심각해졌습니다.

'언니가 나를 따라다니면서 나중에 괴롭히면 어떡하지?'

등줄기에서 식은땀이 삐질삐질 흘렀습니다. 자꾸 영화 속 무서운 범인의 얼굴이 안네 언니의 모습으로 비쳤습니다.

일기를 쓰기 전에

영화나 연극, 전시회 등을 감상하고 난 후에 느낌을 적는 것이 관람 일기에요. 감상문을 쓰듯이 일기로 써서 남기는 것입니다.

관람 일기에는 내가 본 내용을 간략하게 쓰고, 그것을 보며 인상 깊었던 점, 느낀 점, 아쉬운 점 등을 자유롭게 적어요. 그래서 무엇을 관람할 때에는 집중하는 자세가 중요합니다. 그 내용에 대해 기억하고 느낌을 살려서 쓰는 것이 관람 일기를 잘 쓰는 방법이에요.

영화, 연극, 뮤지컬 등에서 기억하고 싶은 대사나 이야기가 있다면 관람 후 메모를 해둡니다. 전시회는 전시된 작품을 미리 공부해두는 것이 좋아요. 그리고 전시 내용을 안내해 주는 분의 설명을 잘 들어 둡니다.

만약에 관람한 내용이 제대로 생각이 나지 않는다면 가장 기억에 남는 부분을 적어 보세요. 함께 관람한 가족이나 친구와 이야기를 나눈 후 쓰는 것도 좋은 방법입니다.

① 관람한 작품의 줄거리나 주제를 떠올려요.
② 가장 인상 깊었던 부분에 대한 설명을 적어요.
③ 관람 후 내 느낌도 함께 써요.

일기 하나

날짜 : 2월 9일 토요일   날씨 : 추움
제목 : 겨울왕국을 봤어요

마침내 겨울 왕국 영화를 봤다. 겨울 왕국에는 언니 엘사와 동생 안나, 눈사람 올라프, 안나를 돕는 한스 등이 나온다.
엘사와 안나는 서로가 최고의 친구이자 자매이다. 하지만 엘사에게는 안나에게도 말하지 못하는 비밀이 있었다. 그것은 뭐든지 얼려버릴 수 있는 신비로운 힘이었다. 그런데 그 힘이 통제되지 않아서 엘사는 결국 왕국을 떠난다.
하지만 엘사의 힘 때문에 안나가 사는 나라도 점점 차갑게 얼어버리고 만다. 그래서 안나는 저주를 풀기 위해 언니를 찾아 모험을 떠난다. 이때 귀여운 올라프랑 한스를 만난다. 영화는 서로를 사랑하는 엘사와 안나의 마음이 큰 힘이 되어 모든 저주를 이겨내고 끝난다.
이 영화에서 가장 인상 깊은 것은 노래이다. 렛잇고는 엘사가 부르는 노래이다. 영화가 끝나도 렛잇고 노래가 계속 떠올라서 노래를 배우기로 했다.

일기 하나 더

관람 후에는 머릿속에 그려지는 그림도 좋고, 몸이 느끼는 느낌을 표현해도 좋습니다. 생각나는 말이나 떠오르는 이야기가 있다면 관람 일기에 쓰도록 해요.

날짜 : 9월 28일 수요일   날씨 : 맑고 화창

문화의 날에 학교에서 단체로 클래식 공연을 관람하러 갔다. 우리가 들은 곡은 여러 개였는데 내가 특히 생각난 것은 비발디의 '사계'라는 음악 중에서 '봄'이었다.

봄은 경쾌한 곡이었다. 음악을 들으니 진짜 새싹이 돋아나는 모습이 머릿속에 떠올랐다. 그래서 눈을 감고 풀밭에서 춤을 추는 상상을 했다.

또 재미난 건 소리가 커졌다가 작아지는 부분도 신기했다. 클래식 공연에는 많은 악기가 나오는데, 지휘자의 손에 따라 하나처럼 움직이는 게 대단하다고 생각됐다. 얼마나 많이 연습하면 틀리지 않고 아름다운 곡을 연주할 수 있을까?

선생님께서는 아름다운 음악이 되려면 여러 사람의 화합이 중요하다고 말씀하셨다. 음악 감상은 지루했지만 연주자들의 옷과 연주하는 모습은 훌륭했다.

일기 하나

날짜 : 7월 29일 목요일   날씨 : 더움
제목 : 동물원에 다녀왔어요

여름 방학을 해서 엄마랑 동생이랑 동물원에 다녀왔다. 내가 동물원에서 제일 보고 싶은 동물은 호랑이다. 호랑이를 직접 보니까 엄청 커서 놀랐다. 호랑이가 '어흥' 하고 소리를 지르니 정말로 무서웠다.
그다음에 신기한 동물은 코끼리였다. 코끼리는 진짜 코로 음식을 먹고 물을 뿜었다. 코끼리를 보면서 나도 코끼리처럼 코가 길어지는 상상을 했다. 그러면 재미있을 것 같다. 코로 음식을 먹으면 손으로 다른 걸 할 수도 있으니까 말이다.
그래도 나는 호랑이가 제일 좋다. 호랑이는 동물의 왕이니까.

일기 하나 더

관람 일기를 통해서 친구들에게 공연이나 전시를 소개하는 글을 쓸 수도 있습니다. 구경한 후 무엇이 좋았는지, 어떻게 관람해야 하는지 친구들에게 자랑해보세요.

날짜 : 5월 26일 일요일   날씨 : 흐렸다가 맑음

주말에 가족과 같이 트릭아트 미술관에 다녀왔다. 트릭아트 미술관은 그림이 재미있게 그려져 있었다. 실제로 그림이 밖으로 튀어나와 있는 것처럼 보여서 신기했다.
그림 앞에서 사진을 찍으면 내가 그림 속에 있는 것 같았다. 그래서 나는 그림에 따라 다양한 자세를 하고 사진을 찍었다. 동물과 이야기하는 흉내도 내고, 낭떠러지 그림이 있는 곳에서는 떨어질 것처럼 무서운 표정도 지었다. 아빠랑 엄마도 재미난 모습으로 사진을 찍었다.
우리 가족은 트릭아트 미술관에서 실컷 웃었다. 신나게 놀아서 기분이 좋은 날이다. 내일은 친구들에게 트릭아트 미술관에 대해 이야기해줘야겠다.

{ 속담 일기와 명언 일기 } 를 썼어요

"뭐라고? 푸하하."

언니는 배를 움켜쥐며 박장대소를 했어요. 잔뜩 긴장하고 얘기한 시연이는 지금 상황에 무척 뻘쭘해졌습니다.

"내가 스토커!? 아무리 들어도 웃기다. 요런 못난이를 왜 쫓아다녀?"

"생각해보면 이상하잖아요. 언니는 내가 가는 곳마다 나타나고, 마치 내 일을 아는 것처럼 이야기하니까……."

시무룩해진 시연이가 점점 작아지는 목소리로 말했어요. 언니는 시연이의 눈을 마주치고 다정하게 말해주었습니다.

"그러네. 내가 제 발등을 찍었어. 시연이가 그동안 벙어리 냉가슴 앓듯 고민이 많았구나."

언니는 시연이의 등을 토닥토닥 두드려주었습니다.

"이상하긴 해도 절대 나쁜 사람은 아니니까 걱정하지 마."

언니의 온기가 시연이의 몸을 따뜻하게 감싸주었어요. 언니에 대해 많은 것을 알지는 못하지만 시연이는 오늘 한 가지 확실하게 알았습니다.

'언니는 역시 나쁜 사람이 아니었어.'

그동안 답답했던 마음이 뻥 뚫리는 것처럼 후련해졌어요. 다시 언니에게 궁금한 것이 물밀듯 몰려왔습니다.

"그런데 아까 뭐라고 하신 거예요? 발등 뭐여? 벙어리가 어쨌다고요?"

"암만 꼬맹이라도 속담을 몰라?"

언니는 시연이의 머리를 가볍게 '콩' 두드렸어요. 그리고 속담에 대해 설명해주었습니다.

"'제 발등 찍기'는 자기가 한 행동이 오해를 만들었다는 얘기야. 결국 내 잘못이라는 거지. '벙어리 냉가슴 앓듯'은 남에게 말도 못하고 혼자만 괴로워하며 걱정하는 경우를 말하는 거지."

이것 말고도 언니는 더 많은 속담을 시연이에게 알려주었어요. 오늘 시연이는 재미있는 표현의 속담이 많다는 것을 배웠습니다. 그리고 언니와 속담 일기를 쓰기로 했습니다.

일기를 쓰기 전에

'가는 말이 고와야 오는 말이 곱다.', '티끌 모아 태산', '소 잃고 외양간 고친다.'라는 말을 들어본 적이 있을 거예요. 이같이 어떤 상황에 맞게 의미를 담아 표현한 것을 속담이라고 합니다.

속담은 예로부터 삶의 교훈이 담겨 내려온 지혜로운 말이에요. 직접 의미를 전달하기보다는 다른 비슷한 상황을 대신해 표현하는 것이 특징이에요. 이러한 속담을 활용해서 일기를 쓰는 것이 속담 일기입니다.

속담 일기는 재미있고 흥미로운 속담을 적어 그 뜻을 풀어쓸 수 있어요. 또한 내가 겪거나 본 일과 어울리는 속담을 찾아서 이야기를 전달해도 좋아요. 속담 일기를 통해 흥미로운 속담도 배우고, 글을 재미있게 쓰는 비법도 익힐 수 있답니다.

① 재미난 표현의 속담을 찾아봐요.
② 어떤 의미의 속담인지 내용을 풀어써요.
③ 속담과 같은 경험을 했는지 떠올려서 함께 적어요.

일기 하나

날짜 : 5월 29일 월요일   날씨 : 먹구름
제목 : 고래 싸움에 새우 등 터진다

엄마, 아빠가 엄청 화가 나셨다. 두 분이 싸움을 하셨기 때문이다. 왜 싸우셨는지 모르지만 엄마, 아빠가 화가 난 것은 확실하다. 왜냐하면 부모님은 싸움하시면 서로 말을 안 하시고 우리한테 대신 전해달라고 말하기 때문이다.

누나는 아빠의 말을 전하고, 나는 엄마의 말을 전한다. 두 분이 하는 얘기는 잘 들리는데 꼭 우리에게 전달하라고 말한다. 나는 "다 들리니까 그냥 얘기해."라고 말했다가 엄마에게 꿀밤을 맞았다. 이런 걸 보고 고래 싸움에 새우 등 터진다고 하나 보다.

'고래 싸움에 새우 등 터진다.'는 속담은 강한 사람이 싸우면 약한 사람이 중간에 끼어 피해를 본다는 말이라고 한다. 누나가 속담의 뜻을 가르쳐주었다.

엄마, 아빠가 고래고 누나랑 내가 새우다. 부모님이 화해하시기 전까지 우리 등이 터져있을 것 같다.

뽐내기 단계
일기 하나 더

속담이 아닌 명언을 적어 일기를 쓸 수도 있어요. 명언은 짧게 쓰인 유명한 말로 우리에게 용기와 희망을 줍니다. 기억하고 싶은 좋은 말이나 글귀를 보면 일기에 옮겨 보세요.

날짜 : 7월 14일 화요일   날씨 : 화창

발명왕 토머스 에디슨에 대해 배우다가 그가 말한 유명한 명언을 알게 됐다.

에디슨이 한 명언 중에 많은 사람이 '실패는 성공의 어머니'라는 말은 다 안다. 나도 에디슨의 그 명언을 참 좋아한다. 그것은 실패를 통해서 성공하는 방법을 배운다는 뜻으로, 선생님이 알려주셨다.

하지만 오늘 더 좋은 명언을 알았다. 그것은 바로 '성공은 열심히 노력하며 기다리는 사람에게 찾아온다.'라는 말이다. 이 말의 뜻은 모든 성공에는 노력이 필요하다는 것이다.

발명왕 에디슨도 노력 없이 갑자기 성공한 사람이 아니다. 나도 에디슨처럼 항상 노력하는 사람이 되어야겠다고 생각했다.

{미래 일기}를 썼어요

얼굴이 하얗게 질린 시연이가 책가방을 정신없이 뒤적였어요. 윤희도 심각한 얼굴로 시연이를 지켜봤습니다.

"없어?"

"난 망했어."

시연이는 책상에 힘없이 스르르 엎드렸어요. 숙제한 공책을 깜빡 잊고 온 것입니다. 반쯤 울상이 된 시연이가 발을 동동 굴렀습니다.

"오늘 선생님이 숙제 검사를 안 했으면 좋겠는데……."

수업이 시작되었어요. 시연이는 제대로 수업에 집중할 수 없었습니다. 언제 숙제 검사를 할지 초조했으니까요.

'제발! 선생님, 오늘은 숙제를 잊어버리고 그냥 넘어가 주세요!'

시연이는 마음속으로 빌고 또 빌었습니다.

시간은 흘러 수업이 끝나갈 무렵이었어요. 선생님은 정말로 숙제 검사를 잊은 모양이었습니다. 그런데 철민이가 말썽을 피웠습니다.

"선생님, 숙제 검사는 안 해요?"

"맞다! 모두 숙제 꺼내."

숙제를 못 낸 시연이는 선생님께 꾸중을 들어야 했어요.

속상한 마음에 시연이는 방과 후 안네 언니에게 철민이의 이야기를 늘어놓았습니다.

"걔는 평소에 숙제도 잘 안 해온단 말이에요. 하필 내가 숙제 공책을 안 가져온 날 해오냐고요! 얄미워요."

"철민이의 숙제를 훔쳐버리지 그랬어?"

언니는 시연이의 기분에 맞춰 위로해줄 줄 알았어요. 덕분에 시연이는 웃음을 다시 찾았습니다.

"만약에 초능력이 있었다면 철민이의 입을 닫아버렸을 거예요. 그 전에 순간 이동해서 집에 가서 숙제 공책도 가져왔겠죠."

"그러면 이번에는 미래 일기를 쓰렴. 뭐든지 하고 싶은 걸 상상해서 적어보는 거야!"

시연이의 한쪽 눈썹이 살짝 올라갔어요. 벌써 재미난 상상을 하는 것 같았습니다.

"마음을 읽는 능력이 생겨서 언니의 생각도 읽어보고 싶어요. 언니는 비밀스러우니까요."

"그건 필요 없을 것 같아. 내 비밀은 곧 밝혀질 테니까."

또 안네 언니는 아리송한 말을 남기고 가버렸습니다.

일기를 쓰기 전에

'만일 내가 유명한 연예인이라면?', '만약에 강아지를 키운다면', '매일 게임만 할 수 있다면.' 이런 놀라운 상상을 해본 적이 있나요? 이처럼 엉뚱하고 기발한 생각을 하면서 즐겁게 일기를 쓸 수도 있습니다.

일기는 실제 경험하고 느낀 것만을 적지는 않아요. 신비로운 상상을 하면서 재미있는 글을 쓰기도 하고, 꿈속에서 있었던 이야기도 담을 수 있어요. 매일 있었던 일을 적는 것이 지겨워지면 상상 속 이야기를 담은 미래 일기를 써도 좋답니다.

미래 일기를 쓰면 일기에 대해 색다른 느낌이 들 수 있고, 자유로운 상상을 통해 상상력을 높여줘요. 만약에 실제로 이런 일이 일어난다면 어떤 변화가 생길지 상황을 만들어보세요.

책이나 영화 속 장면을 떠올리며 이야기를 만들어도 좋아요. 다양한 생각을 미래 일기에 남기도록 해요.

① 내 마음대로 다양한 상상을 해요.
② 상상한 것을 일기장에 적어요.
③ 상상의 세계에 내 생각을 더해 마무리해요.

일기 하나

날짜 : 2월 19일 월요일   날씨 : 눈 내린 후 맑음
제목 : 오늘이 일요일이라면

아침부터 눈이 와서 학교에 가기 싫었다. 그래서 나는 오늘이 일요일이라면 얼마나 좋을까 생각했다.

만약 매일 일요일이라면 실컷 늦잠을 자고 일어나도 되고, 숙제도 할 필요가 없다. 왜냐하면 학교에 안 가기 때문이다. 또 재미난 텔레비전 프로그램도 계속 볼 수 있다. 일요일 날은 신나는 프로그램이 많기 때문이다.

그런데 한 가지 안 좋은 점이 있다. 엄마의 잔소리를 들어야 한다는 거다. 엄마는 일요일에 특히 잔소리가 많아진다. 빨리 일어나라고 하고, 방 청소하라고 하고, 학습지 다했냐고 계속 물어보신다. 매일 일요일이라도 공부는 꼭 해야 한다고 잔소리를 하실 것 같다.

그래도 학교에 안 가니까 참을 수 있다. 매일이 일요일이 되었으면 정말 좋겠다.

일기 하나 더

내가 작가가 되었다고 생각하고 미래 일기를 적어보세요. 《오즈의 마법사》를 쓴 작가처럼 환상의 세계를 이야기로 만들면 일기로도 재미있는 동화를 쓸 수 있답니다.

날짜 : 4월 21일 금요일   날씨 : 봄비

타임머신이 있다면 먼저 미래 세계를 방문할 것이다. 미래 세계는 하늘을 나는 자동차가 있어서 더 빠르게 움직일 수 있다.
미래에는 아이들도 각자 자동차를 몰고 다닌다. 왜냐하면 자동차가 알아서 운전하고 가기 때문이다. 자동차는 땅에서는 바퀴로 달리고 하늘에서는 날개가 펼쳐져서 날아간다. 물에 들어가면 잠수함처럼 변해 물속에서도 자유자재로 다닌다. 그래서 미래 도시는 자동차가 많아져서 교통이 막히지 않는다.
또 미래의 도시는 하늘과 바다에도 집이 있다. 하늘에는 공중 도시가 있고, 물속에는 수중 도시가 있어서 자기가 마음대로 선택해서 집을 살 수 있다. 그리고 집의 크기를 원하는 대로 늘렸다 줄였다 할 수 있어서 더 큰 집으로 이사를 하지 않아도 된다.
미래에는 많은 사람이 집과 차 때문에 걱정이 없어 행복하다.

{ 독서 일기 }를 썼어요

시연이는 윤희를 따라 어린이 도서관을 방문했습니다.

"넌 참 책을 많이 읽는구나!"

윤희의 독서록을 본 시연이는 깜짝 놀랐어요. 윤희가 글쓰기를 잘하는 이유를 알 것 같았습니다.

"응. 도서관에서 책을 보는 걸 좋아해."

윤희는 책꽂이를 보며 읽을 만한 책을 살펴보았어요. 덩달아 시연이도 도서관의 책을 찬찬히 살펴보았습니다. 그러다 한 가지 특이한 점을 발견했습니다.

"C856-프231, C807.9-세51…… 어? 책 번호들이 모두 숫자랑 한글로 이루어져 있네."

"청구기호라고 해. 책마다 이런 기호가 붙어있어. 이 기호를 보고 책을 쉽게 찾을 수 있지."

윤희는 시연이에게 책을 찾는 법을 알려주었어요. 문득 시연이는 안네 언니가 말한 주소가 생각났습니다.

"안네 언니네 호수도 이거와 비슷했어. C808-삼53."

"그 언니《안네의 일기》주인공과 이름이 같아서 신기했는데 집 호수도 신기하네."

시연이는 윤희의 말을 듣고 머리가 쭈뼛 서는 것 같았어요. 급히 언니가 말해준 번호로 책을 찾아보았습니다. 그곳에는《안네의 일기》라는 책이 꽂혀 있었습니다.

'언니가 말한 주소랑《안네의 일기》의 청구기호가 같네. 이건 내 방 책꽂이에도 있는 책이네.'

뭔가 수수께끼를 하는 것처럼 혼란스러웠어요. 이런 신기하고 괴상한 경험을 누가 해봤을까요? 시연이는 심장이 쿵쾅쿵쾅 뛰었습니다.

집에 돌아온 시연이는 자신의 책꽂이에서《안네의 일기》책을 꺼냈어요. 그리고 언니와 이름이 같은 주인공의 책을 읽었습니다.

'안네는 정말 대단해! 어려운 상황에서도 희망을 잃지 않고 꿋꿋하게 이겨내잖아.'

책을 읽으며 시연이는 깊이 감동했어요. 내일 언니를 만나면 독서 일기를 써서 꼭 보여줘야겠다고 생각했습니다.

깊은 밤, 시연이가 단잠에 흠뻑 빠졌어요. 그때 책상에 펼쳐진 시연이의 일기장이 반짝반짝 빛이 났습니다.

일기를 쓰기 전에

독서 일기는 책을 읽고 난 후의 감상을 일기로 옮기는 것이에요. 책의 내용을 정리하고 느낀 점을 적는 것으로 독후감과 형식이 비슷하답니다. 책을 읽고 난 다음에 독서 일기를 남기면 그 내용을 더 오래 간직할 수 있어요. 또한 깊이 있는 독서 습관을 지니게 된답니다.

독서 일기를 쓰기 위해서는 먼저 수준에 맞는 책을 고르는 것이 중요해요. 평소 관심 있는 분야로서 이해가 쉽고, 흥미를 갖고 끝까지 읽을 수 있어야 합니다. 너무 어렵고 재미없는 책을 고르면 독서에 흥미가 떨어져 멀어지게 되니 조심해야 해요.

책을 잘 고른 다음 책의 제목, 지은이 등 책에 대한 정보를 기록합니다. 그리고 줄거리와 주인공, 기억에 남는 장면을 쓰고, 짧은 감상을 적으면 훌륭한 독서 일기가 완성됩니다.

① 그 책을 선택한 이유를 적어요.
② 주인공과 줄거리를 써요.
③ 감명 깊은 장면이나 읽고 난 후 느낀 점을 정리해요.

익히기 단계

일기 하나

날짜 : 6월 7일 수요일   날씨 : 햇볕 쨍쨍
제목 : 기분 좋게 말하는 법을 배웠어요

도서관에서 《화나고 짜증 날 때 이렇게 말해요》라는 책을 읽었다. 이 책의 주인공은 감정이라는 아이이다. 감정이는 화가 나거나 짜증이 날 때, 섭섭하거나 무서울 때, 바라는 것이 있을 때, 답답하고 말하기 싫을 때 어떻게 말을 해야 좋은지 알려준다.
책 속에서 감정이에게 일어나는 일은 나에게도 자주 생기는 일이다. 나도 아침에 일어나면 짜증이 나고, 부모님이 내 마음을 몰라줄 때 화가 난다. 또 친구가 놀리거나 수업 시간에 발표하면 부끄럽다. 이럴 때는 진짜 어떻게 말해야 할지 몰랐다. 그런데 이제는 걱정하지 않아도 된다. 감정이가 가르쳐주기 때문이다.
나는 이 책을 보고 느낀 게 많다. 말을 함부로 하면 더 크게 싸움만 나고 기분이 상해진다는 점이다. 감정이처럼 기분 좋게 말하면 싸움도 안 나고 문제를 해결할 수 있어서 좋을 것 같다.

일기 하나 더

책을 읽고 난 후 주인공에게 배울 점, 본받고 싶은 점을 적어도 좋아요. 또한 책의 내용을 바꿔 보거나 마지막 부분을 상상해서 써보는 것도 새로운 독서 일기를 쓰는 방법이랍니다

날짜 : 3월 21일 금요일   날씨 : 구름 약간

학교 선생님께서 추천해주신 《혹부리 영감과 도깨비》라는 동화를 읽었다. 이 책의 내용은 착한 혹부리 영감과 욕심쟁이 혹부리 영감이 도깨비들을 만나 겪은 일이다.

착한 혹부리 영감은 어느 날 나무를 하다가 깜깜해져서 낡은 오두막에 머무르게 되었다. 혹부리 영감은 혼자 있는 것이 무서워서 노래를 불렀는데 이때 도깨비들이 나타났다. 도깨비들은 멋진 노래가 혹에서 나오는 줄 알고 혹을 떼어가고 영감에게 금은보화를 선물로 주었다.

이웃에 사는 욕심쟁이 혹부리 영감이 이 소식을 듣고 따라 했다가 화가 난 도깨비들이 오히려 혹을 하나 더 달아주었다는 이야기다.

욕심쟁이 혹부리 영감은 혹이 두 개라 사람들에게 평생 놀림을 받으며 살고 있을 것 같다.

{ 편지 일기 }를 썼어요

여느 때처럼 평범한 하루가 계속되었어요. 학교 수업도 무사히 끝마쳤습니다. 선생님이 종례를 위해 교실로 들어오셨어요.

"다들 나와서 일기장 찾아가렴."

아이들은 우르르 나와 각자 일기장을 받아갔습니다. 하지만 시연이는 자신의 일기장을 찾을 수가 없었어요. 교탁 밑에 떨어졌나 살펴보고, 다른 친구들이 가져가서 장난하나 두리번거리기도 했습니다.

"시연이는 일기장이 없지?"

어리둥절한 표정으로 서 있는 시연이를 보고 선생님이 말씀하셨습니다.

"시연이 일기장은 선생님이 가지고 있어. 왜냐하면 이번에 시연이가 '좋은 일기상'을 받게 되었거든."

친구들은 시연이를 향해 함성과 축하의 박수를 보내주었어요. 시연이의 기분은 놀이기구를 탄 것처럼 어질어질했다가, 아이스크림처럼 녹아내릴 것 같았습니다.

'기분 최고야!'

시연이는 재빨리 집으로 달려갔어요. 이 기쁜 소식을 언니에게 알려주고 싶었으니까요. 헐레벌떡 놀이터에 도착한 시연이는 큰 소리로 안네 언니의 이름을 불렀습니다.

하지만 언니는 어디에도 나타나지 않았어요. 좀 더 기다려도 언니의 모습은 끝내 보이지 않았습니다. 시연이는 잔뜩 실망한 채 방으로 들어왔습니다.

'칫, 언니는 내가 부르면 나타난다더니……'

그때 책장의 《안네의 일기》 책이 반짝 빛이 났습니다. 놀란 시연이는 책을 펼쳐 보았어요. 책 앞표지에 안네 언니의 편지가 쓰여 있었습니다.

'시연아, 그동안 네 덕분에 즐거웠어. 난 지금까지 일기장 '키티' 밖에 친구가 없었는데 너같이 예쁜 친구가 생겨서 정말 행복해. 좋은 추억을 갖고 이제 책 속으로 들어갈게. 여기가 내 집이거든.'

시연이는 꿈을 꾸고 있는 것만 같았어요. 또 안네 언니가 장난을 치는 걸까요? 시연이는 언니와의 지난 일들을 하나하나 떠올려보았습니다.

'책이 집이라고? 그러고 보니 도서관에 적힌 책 번호가 언니네 집 호수와 같았네.'

안네 언니를 생각할수록 신기한 일이 많았어요. 언니는 시연이가 있는 곳이라면 어디든 나타났어요. 그리고 누구보다 먼저 시연이의 마음을 알아주었습니다. 마치 매일 시연이와 함께 있었던 것처럼 말이에요. 그래서 시연이는 어쩌면 언니가 진짜《안네의 일기》속의 안네가 아닐까 생각했습니다.

'그래! 언니는 내 일기를 도와주려고 나타났을지도 몰라.'

시연이는 책을 소중히 안았어요. 그리고 오늘은 일기 쓰는 법을 알려준 언니에게 감사의 편지 일기를 남기기로 마음먹었습니다.

일기를 쓰기 전에

누군가에게 편지로 마음을 전해본 적이 있나요? 편지 일기는 다른 사람에게 자신의 마음을 일기로 담아서 전달하는 글입니다.

예를 들어 반이 달라서 함께 생활하지 못하는 친구, 오랫동안 보지 못한 친척에게 그리운 마음을 적을 수 있어요. 그리고 다투어서 서먹해진 친구나 가족에게, 미안한 마음을 담아 전할 수도 있답니다. 지금 편지를 쓰고 싶은 사람이 있다면 편지 일기를 써보도록 해요.

편지 일기를 쓰는 요령은 먼저 받는 사람의 이름을 적고 안부를 물어요. 그런 다음 편지를 쓰게 된 이유, 내가 하고 싶었던 말이나 전하고 싶은 마음을 충분히 표현합니다. 마지막으로 앞에 했던 말에 대한 마무리와 끝인사를 하면 돼요.

이렇게 편지 일기를 쓰면 입으로 하지 못한 말을 편하게 할 수 있고, 솔직한 마음을 보여줄 수 있답니다.

① 편지를 쓰고 싶은 사람을 떠올려요.
② 정성을 담아 하고 싶은 말을 정리해요.
③ 끝인사로 마무리해요.

일기 하나

날짜 : 9월 13일 목요일   날씨 : 맑은 하늘
제목 : 세찬이에게

세찬아, 안녕!
나는 지우라고 해. 학년은 같지만 반이 달라서 나를 잘 모를 거야. 그런데도 내가 편지를 쓴 이유는 너와 친해지고 싶어서야. 친구들이 그러는데 너는 배려심이 많고 친절해서 인기가 좋다고 했어. 아이들이 칭찬을 많이 해서 너와 정말 친구하고 싶은 생각이 들었어.
또 중요한 사실은 우리가 같은 곳에 산다는 거야. 나는 너를 매일 봐. 우리가 같은 시간에 학교에 가는 거 넌 몰랐을 거야. 혹시 내 얼굴을 보면 너도 기억할 수도 있겠다.
만약에 우리가 친해지면 학교도 같이 가고, 집에도 함께 올 수 있어서 좋을 것 같아. 너는 어떻게 생각해?
너도 같은 생각이라면 답장을 주었으면 좋겠어. 네 생각을 말해 줘. 그럼, 기다릴게.

일기 하나 더

편지 일기에 그 사람에 대해 생각한 것을 한껏 표현하는 게 좋아요. 자신의 솔직한 마음을 남기고, 앞으로 무엇을 어떻게 할 것인지의 다짐을 쓰면 더 알찬 내용이 된답니다.

날짜 : 12월 8일 토요일   날씨 : 찬바람 쌩쌩

안녕 언니, 나 시연이야. 언니가 떠난 지 벌써 한 달이 지났어. 나는 언니가 너무 보고 싶은데 언니는 어떤지 궁금하다.
언니가 일기를 잘 쓰는 법을 가르쳐준 덕분에 학교에서 좋은 일기상을 받게 되었어. 제일 먼저 이 기쁜 소식을 언니에게 전하고 싶었지만 만날 수가 없어서 아쉬웠어. 아마도 언니가 누구보다 더 많이 축하해줬을 거라고 생각해. 자꾸 언니가 떠올라서 눈물이 나.
하지만 나는 언니를 이해해. 언니도 집으로 돌아가야 할 때가 되었으니까. 우리가 지금은 못 만나지만 언젠가는 꼭 만날 거라고 확신해. 어느 날 언니가 불쑥 나타나서 날 또 놀라게 해줄 거라고 말이야.
그동안 나는 언니에게 부끄럽지 않게 열심히 일기를 쓸게. 만나면 내 일기를 꼭 보여줄 거야. 그럼 책 속에서 잘 지내고, 다음에 또 편지할게. 안녕!

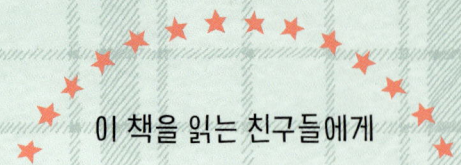
이 책을 읽는 친구들에게

일기는 솔직한 내 이야기를 들어주는 친구!

'으악! 일기는 세상에서 제일 어려운 숙제야!'

일기를 쓰려고 하면 이런 생각이 들 때가 많아져요. 꼬박꼬박 일기를 쓰는 것도 귀찮은데 매번 새로운 이야기를 써야 하니까요. 그래서 일기 쓰기가 힘들고 어렵게 느껴지는 것도 당연해요.

'오늘은 무엇을 적어야 할까?', '어떻게 하면 일기를 쉽고 재미있게 쓸 수 있을까?' 생각이 많을 거예요. 그럴 땐 누군가 일기 쓰기에 대해 도움을 주면 정말 좋겠다고 생각하지요.

이런 여러분의 고민을 해결해주기 위해 '안내'가 찾아왔어요. 안내는 여러분처럼 일기 쓰기를 힘들어하는 주인공에게 일기를 잘 쓰는 비법을 알려준답니다.

안내가 말하는 쉬운 일기 쓰기의 비밀 중 하나는, 바로 일기를 친구처럼 생각하는 거예요. 친구와 수다를 떨며 속마음을 털어놓

듯이 일기 속에 나의 마음을 솔직하게 말하는 것입니다.

　하루 동안 있었던 일이나 나의 생각들로 일기장 친구에게 말을 거는 거예요. 비록 일기장은 말을 못 하지만 그래서 더 비밀 이야기를 편하게 할 수 있어요. 일기는 여러분이 하는 모든 이야기를 가만히 들어주고 품어주는 멋진 친구랍니다.

　이렇게 먼저 내 마음을 적는 것부터 연습하면 훌륭한 일기를 쓸 수 있어요. 그리고 책 속의 안내가 알려주는 대로 따라 하면 다양한 일기도 쉽게 쓸 수 있습니다.

　일기를 왜 써야 하고, 무엇을 어떻게 해야 하는지 답답한 친구들이라면 지금부터 안내의 말에 귀 기울여 보도록 해요. 그러면 어느새 쉽고 간단하게 일기 쓰는 방법들을 배우게 된답니다.

소중한 책으로 남기고 싶은 아이디어나 원고가 있으신 분은
도서출판 책읽는달(이메일 : bestlife114@hanmail.net)로 보내주세요.

일기 뭘 써, 어떻게 써?

초판 1쇄 인쇄 2017년 7월 4일
초판 1쇄 발행 2017년 7월 11일

지은이 오효진
그린이 안경희
펴낸이 문미화
펴낸곳 책읽는달
주소   서울 서대문구 연희로 82, A동 301호
전화   02)326-1961/02)326-0961
팩스   02)326-0969
블로그 http://blog.naver.com/bestlife114
출판신고 2010년 11월 10일 제25100-2016-000041호

ⓒ 오효진, 2017

ISBN 979-11-85053-35-6   73370

한국출판문화산업진흥원의 출판콘텐츠 창작자금을 지원받아 제작되었습니다.

※ 이 책의 무단전재와 무단복제를 금하며, 책 내용의 전부 또는 일부를 이용하려면
   반드시 책읽는달의 동의를 받아야 합니다.
※ 잘못된 책은 본사나 구입하신 곳에서 바꾸어 드립니다. 책값은 뒤표지에 있습니다.